서울과 지방의 매개체,
경주인

서울과 지방의 매개체,
경주인

초판 1쇄 인쇄 2024년 11월 18일
초판 1쇄 발행 2024년 12월 2일

–

기 획 한국국학진흥원
지은이 최주희
펴낸이 이방원
책임편집 조성규 **책임디자인** 양혜진
마케팅 최성수 · 김 준 **경영지원** 이병은

–

펴낸곳 세창출판사
신고번호 제1990-000013호 **주소** 03736 서울특별시 서대문구 경기대로 58 경기빌딩 602호
전화 02-723-8660 **팩스** 02-720-4579 **이메일** edit@sechangpub.co.kr **홈페이지** http://www.sechangpub.co.kr
블로그 blog.naver.com/scpc1992 **페이스북** fb.me/Sechangofficial **인스타그램** @sechang_official

–

ISBN 979-11-6684-373-0 94910
979-11-6684-164-4 (세트)

한국국학진흥원 전통생활사총서 30

서울과 지방의 매개체, 경주인

최주희 지음
한국국학진흥원 기획

세창출판사

책머리에

한국국학진흥원에서는 2022년부터 문화체육관광부의 지원으로 전통생활사총서 사업을 기획하였다. 매년 생활사 전문 연구진 20명을 섭외하여 총서를 간행하기로 했다. 지난해에 20종의 총서를 처음으로 선보였다. 전통시대의 생활문화를 대중에 널리 알리기 위한 여정은 계속되어 올해도 20권의 총서를 발간하였다.

한국국학진흥원은 국내에서 가장 많은 약 65만 점에 이르는 민간기록물을 소장하고 있는 기관이다. 대표적인 민간기록물로 일기와 고문서가 있다. 일기는 당시 사람들의 일상을 세밀하게 이해할 수 있는 생활사의 핵심 자료이고, 고문서는 당시 사람들의 경제 활동이나 공동체 운영 등 사회경제상을 이해할 수 있는 자료이다.

한국의 역사는 '조선왕조실록'이나 '승정원일기'와 같이 세계적으로 자랑할 만한 국가기록물의 존재로 인해 중앙을 중심으로 이해되어 왔다. 반면 민간의 일상생활에 대한 이해나 연구는 관심을 덜 받았다. 다행히 한국국학진흥원은 일찍부터 민간에 소장되어 소실 위기에 처한 자료들을 수집하고 보존처리를 통해 관리해 왔다. 또한 이들 자료를 번역하고 연구하여 대중에 공개했다. 이러한 민간기록물을 활용하고 일반에 기여할 수 있는 방법으로 '전통시대 생활상'을 대중서로 집필하여 생생하게 재현하여 전달하고자 했다. 일반인이 쉽게 읽을 수 있는 교양학술총서를 간행한 이유이다.

총서 간행을 위해 일찍부터 생활사의 세부 주제를 발굴하는 전문가 자문회의를 개최하고, 전통시대 한국의 생활문화를 가장 잘 구현할 수 있는 핵심 키워드를 선정하였다. 전통생활사 분류는 인간의 생활을 규정하는 기본 분류인 정치, 경제, 사회, 문화로 지정하였다. 이를 기반으로 매년 각 분야에서 핵심적인 키워드를 선정하여 집필 주제를 정했다. 이번 총서의 키워드는 정치는 '과거 준비와 풍광', 경제는 '국가경제와 민생', 사회는 '소외된 사람들의 삶', 문화는 '교육과 전승'이다.

각 분야마다 5명의 집필진을 해당 어젠다의 전공자로 구성하였다. 어디서나 간단히 들고 다니며 쉽게 읽을 수 있도록 최대한 이야기체 형식으로 서술해 달라고 부탁하였다. 다양한 사례의 풍부한 제시와 전문연구자의 시각이 담겨 있어 전문성도 담보할 수 있는 것이 본 총서의 매력이다.

전문적인 서술로 대중을 만족시키기는 매우 어렵다. 원고

의뢰 이후 5월과 8월에는 각 분야의 전공자를 토론자로 초청하여 2차례의 포럼을 진행하였다. 11월에는 완성된 초고를 바탕으로 1박 2일에 걸친 대규모 학술대회를 개최하였다. 포럼과 학술대회를 바탕으로 원고의 방향과 내용을 점검하는 시간을 가졌다. 원고 수합 이후에는 각 책마다 전문가 3인의 심사의견을 받았다. 2024년에는 출판사를 선정하여 수차례의 교정과 교열을 진행했다. 책이 나오기까지 꼬박 2년의 기간이었다. 짧다면 짧은 기간이다. 그러나 2년의 응축된 시간 동안 꾸준히 검토 과정을 거쳤고, 토론과 교정을 통해 원고의 완성도를 높이기 위해 분주히 노력했다.

전통생활사총서는 국내에서 간행하는 생활사총서로는 가장 방대한 규모이다. 국내에서 전통생활사를 연구하는 학자 대부분을 포함하였다. 2023년도 한 해의 관계자만 연인원 132명에 달하는 명실공히 국내 최대 규모의 생활사 프로젝트이다.

1990년대 이후 폭발적으로 증가했던 일상생활사와 미시사 연구에 대한 학계의 관심이 근래에는 소홀해진 상황이다. 본 총서의 발간이 생활사 연구에 활력을 불어넣는 계기가 되기를 기대한다. 연구의 활성화는 연구자의 양적 증가로 이어지고, 연구의 질적 향상 또한 이끌 것이다. 그렇게 된다면 전통문화에 대한 대중들의 관심 역시 증가할 것으로 기대한다.

본 총서는 한국국학진흥원의 연구 역량을 집적하고 이를 대중에게 소개하기 위해 기획된 대표적인 사업의 하나이다. 참여한 연구자의 대다수가 전통시대 전공자이며 앞으로 수년간 지속적인 간행을 준비하고 있다. 올해에도 20명의 새로운 집필자가 각 어젠다를 중심으로 집필에 들어갔고, 내년에 또 20권의 책이 간행될 예정이다. 앞으로 계획된 총서만 100권에 달하며, 여건이 허락되는 한 지속할 예정이다.

대규모 생활사총서 사업을 지원해 준 문화체육관광부에 감사하며, 본 기획이 가능하게 된 것은 한국국학진흥원에 자료를 기탁해 준 분들 덕분이다. 다시 감사드린다. 아울러 총서 간행에 참여한 집필자, 토론자, 자문위원 등 연구자분들께도 감사 인사를 전한다. 책의 편집을 책임진 세창출판사에도 감사드린다. 이 모든 과정은 한국국학진흥원 여러 구성원의 노력이 있었기에 가능했다.

2024년 11월

한국국학진흥원 인문융합본부

차례

1

주인, 조선시대 물자와 정보를 나르던 사람들

흔히 조선을 유교적 통치이념하에 운영된 양반관료제 사회로 일컫는다. 양반관료제는 과거科擧와 문음文蔭으로 관직에 진출한 이들이 국왕을 보좌해 국정을 운영하는 정치시스템을 뜻한다. 양반관료제가 작동하는 기저에는 명망 높은 문·무관료들 외에 관청에서 행정실무를 맡아보던 경아전과 허드렛일을 담당하던 하급 원역들이 존재하고 있었다. 이들은 조선시대 내내 120-140여 개의 중앙관서에 배속되어 왕실을 부양하고 국가행정을 책임지던 자들이다. 행정의 최말단에서 상급자의 명을 받들어 문서수발과 회계관리, 창고 자재관리, 관료들의 소소한 심부름을 수행하는 이들이 없었다면, 조선왕조가 양반관료제를 안정적으로 유지하기란 쉽지 않았을 것이다. 그렇기 때문

에 조선왕조는 중앙관서에 녹사와 서리, 하급 원역의 법정 인원을 정해 놓고, 빈자리가 생기면 충원하는 시스템을 만들어 놓았다. 그런데 경아전이나 하급원역이 아니면서 조선시대 관료 행정을 뒷받침해 온 이들이 있었다. 대표적인 이들이 '주인主人'층이다.

주인은 한글학회에서 펴낸 『조선말 큰사전』(1957)에 따르면, ① 한 집안의 주장이 되는 사람, ② 물건의 임자, ③ 손님을 대하는 주장되는 사람, ④ 손님을 치르는 집, 곧 여관 하숙의 뜻으로 정의된다.[1] 그런데 '주인'은 우리에게 익숙한 용례 외에도 고려와 조선시대에 걸쳐 비관료신분으로 국가의 부세 수취 업무에 관여하면서 수익을 거두던 자들에게 붙여진 이름이기도 했다. 예컨대 '사주인私主人', '강주인江主人', '포구주인浦口主人', '경강주인京江主人', '여객주인旅客主人', '창주인倉主人', '선주인船主人' 등이 이에 해당한다. 특히 사주인은 조선 전기 이래 부세 상납과 물류 유통에 관여하던 여러 종류의 주인층을 통칭하는 말이다. 조선 전기에는 사주인, 강주인과 같은 주인층이 주로 활동하였으나, 대동법이 시행되는 조선 후기에는 이들이 점차 경강주인·여객주인·공물주인·창주인·선주인 등으로 그 명칭과 역할이 분화되어 갔다.[2] 국가의 관료도 아닌 주인층이 조선시대 내내 행정, 부세 업무에 일정한 역할을 수행하며 자체 분화 과정을 겪게 된 이유는 무엇일까.

주지하다시피 조선왕조는 선초부터 농업을 육성하고 상업을 억제하는 정책을 표방하였으며, 당의 조용조 제도를 모방해 토지세와 공물, 역으로 구성된 부세제도를 정비해 나갔다. 왕실 가족을 부양하고 중앙관서의 행정 경비를 충당하기 위해 조선왕조는 군현에서 매년 쌀과 잡곡으로 이루어진 토지세와 여러 토산 현물을 수취하는 현물재정 시스템을 운영하였던 것이다.

이에 조선왕조는 선초부터 양전사업을 통해 토지세를 거둘 수 있는 결수結數를 늘리고, 세곡을 효율적으로 수송할 수 있는 조운제도를 정비해 갔으며,[3] 세종 대에는 공법貢法을 제정하여 수취율을 현실에 맞게 조정해 갔다. 공물에 있어서도 태조 원년(1392) 10월 공부상정도감을 설치하여 고려 말의 잡다한 상요와 잡공을 정비하고, 태종 13년(1413) 11월 무렵에는 8도에 토산 현물을 수취하는 공납제의 기본 틀을 완성하였다.[4] 그런데 지방에서 올라온 세곡과 토산물이 한강에 집하되고 도성 안 궁궐과 관서에 조달되기 위해서는 이를 보관하고 실어 나르는 노동력이 필요했다. 주인층은 정부의 부세 수입을 집하·보관·수송하는 일련의 절차에 참여하면서 이에 대한 수수료성 대가를 받아 생활하던 자들이었다. 정부에서 급료를 지급하지 않은 이들이 부세 행정의 조력자로 참여하고 있었던 것이다. 주인 앞에 '사

私’를 붙여 ‘사주인’으로 부른 이유도, 이들이 정부의 관료체제에 포함되지 않는 자들이었기 때문이다.

문제는 이들이 부세 행정을 뒷받침하는 조력자가 아닌, 이를 교란시키는 중간수탈자로 탈바꿈하기도 했다는 점이다. 『조선왕조실록』상에 주인에 관한 언급은 세조 12년(1466) 2월 기사에서 처음 확인되는데, 해당 기사에서도 이 같은 점을 확인할 수 있다. 기사의 내용을 살펴보면, 당시 용산·서강의 거주민들이 자신들을 ‘주인’이라 칭하면서 조운선의 곡식을 집 앞에 두고 훔치거나 빼앗으며, 운송비를 함부로 받아 내는 폐단이 조정에

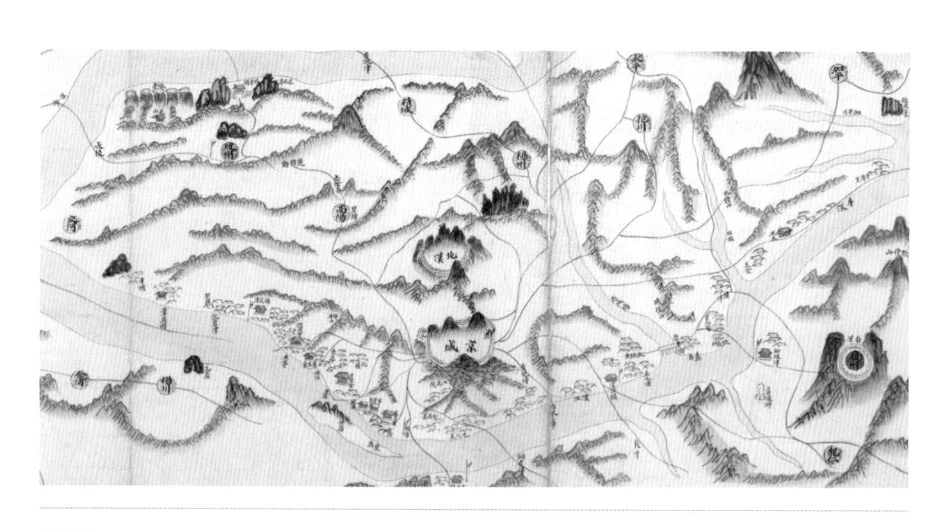

그림 1 〈경강부임진도〉의 한강 일대 나루(《동국여도》), 서울대학교 규장각한국학연구원 소장

조선시대 한강 일대와 조선 안팎에 여러 주인층이 생활하고 있었다

보고되고 있었다.[5] 그러나 이러한 폐단에도 불구하고 주인층은 조선 후기까지 앞서 언급한 여러 형태로 분화되어 갔으며, 한강 변이나 포구 일대, 도성 안 시전 인근에서 상인들에게 '구문口文(물품의 보관 및 위탁판매에 대한 수수료)'을 수취해 이익을 거두는 한편, 자체적인 영업 권한을 매매하면서 부를 축적해가는 이들도 생겨났다. 조선 후기 이 같은 유통전문업자들을 별도로 '여객주인'으로 칭하였는데, 김주영의 장편소설로 알려진 '객주客主'가 바로 이들에 해당한다.

조선 후기 대표적인 여객주인라 할 수 있는 경강주인은 한강 일대에서 선상들의 곡물·어염 등을 보관해 주고, 위탁 판매를 병행하여 이익을 취하던 자들이다. 이들은 자체 영업수익과 자본력을 바탕으로 도고상업을 전개함으로써 서울로 유입되는 물류의 유통을 장악해 막대한 수익을 거두던 자들로 평가되고 있다.[6]

한편 지방 포구와 서울 한강 변에서 세곡 및 어염의 집하와 수송에 관여하는 주인층 역시 늘어나게 되는데, '선주인', '창주인'과 같은 이들이 이에 해당한다. 선주인 역시 포구에 점포를 차려 두고 특정 상선의 화물을 독점하여 내지 상인과 연결해 주는 거간꾼 노릇을 하던 자들이다. 정약용에 따르면, 포구에서 배가 떠나는 날 장부를 계산해 보면 상인의 이익이 절반은 선주인의 점포로 돌아가는데, 창원의 마산포나 진주의 가산포 등은 저점底店의 수익이 수천, 수만 냥에 이를 지경이라고 하였다.[7] 창주인은 각읍에서 올라오는 세곡을 정부 창고에 수송하던 자들로, 운송역의 대가로 얼마간의 곡식을 떼먹기 때문에 '식주인食主人'으로도 불렸다.[8] 18세기 이후로는 한강 변의 곡물·어염을 하역해 선혜청 창고에 수송하는 창저모민계와 운석계가 별도로 창설되었으며 창고의 곡식을 도성 안으로 운반해 주는 세마계도 운영되었다.[9]

한편 주인들 중에는 앞의 사주인들과 성격을 달리하는 각사주인各私主人과 같은 존재들도 있었다. 각사주인은 거주지를 특정할 수 없지만 주로 도성에 거주하며 정부관서(各司)에 공물 조달을 책임지던 자들로, '각사사주인各司私主人'이라고도 불렸다. 각사주인은 아래 기사를 통해 그 성격을 자세히 살펴볼 수 있다.

> 서울의 각사주인에게 지급하던 인정목人情木[수수료로 바치는 무명]은 [대동법을 시행하여] 공물가를 넉넉히 정해 놓으면 그 안에 자연스럽게 포함될 것입니다. 봉상시奉常寺[조선시대 국가제사에 제수품을 마련하던 관서]를 예로 든다면, 한 말의 청밀淸蜜[꿀]값이 무명 3필이면 인정목을 4필로 하고, 염소 1마리 값이 무명 30필이면 인정목을

30필로 하게 될 경우, 각사주인들은 기뻐하며 이를 따를 것입니다. 그러나 이는 조삼모사의 술수이지 법을 시행하는 올바른 길이 아닙니다. 더욱이 현재 각사의 공물은 으레 권세 있는 집안에서 방납하는 문제가 있습니다. 그래서 봉상시의 주인이 그들에게 본업을 빼앗기는 경우가 많습니다. 지금 각사주인들로 하여금 그 값을 공물가로 받도록 하여 방납의 문제를 끊는다면 각사주인들이 기뻐할 것입니다. 서울 사람으로서 이를 불편해할 자는 방납하는 모리배들뿐입니다. 대개 각사의 주인은 모두 본사의 하인으로, 이른바 색리니 사령이니 하는 자들이 모두 그 동류同類입니다.[10]

위의 기사는 호서대동법 시행기에 김육金堉(1580-1658)이 중앙에 보고한 서장書狀의 일부이다. 기사에 따르면, 각사주인은 밑줄 친 부분에서처럼 본래 각 관서 소속 색리나 사령 등과 같은 하인들이었던 것으로 보인다. 대동법 시행 전에는 각사주인에게 별도의 급료가 지급되지 않았기 때문에, 이들은 공물 검수 시 수수료로서 인정목을 받거나 공물을 방납하며 생계를 유지했다.[11] 김육은 대동법을 시행하여 공물값을 넉넉히 상정해 그 안에 인정을 포함시키고 각사주인으로 하여금 공물을 조달하게 하면, 인정과 같은 수수료를 추가징수하는 폐단이 없어질 뿐 아니라 권세 있는 집안에서 방납에 참여해 각사주인의 이익을 뺏는 일도 사라질 것이라고 하였다. 이를 통해 볼 때, 김육이 주장한 대동법에는 기존의 각사주인을 양성화해 이들에게 공물 조달을 맡기는 방안이 포함되어 있었다고 하겠다. 실제로 조선 후기 '공물주인', '공인'으로 불리던 이들의 다수는 대동법 시행 이전의 각사주인들이었다.

요컨대, 조선시대 '주인主人'은 국가의 부세물류의 수송-보관을 통해 수수료를 받는 역꾼들에서 점차 정부관서에 필요물품을 조달하는 전문적인 조달상인으로 변모하거나 상인들의 물품을 위탁판매하고 행려인의 숙박을 책임지며 수익을 거두는 중개상인으로 분화, 발전되어 간 자들로 범주화할 수 있겠다.[12] 국가적 물류체계에서 역을 지던 자들이 점차 역에 대한 대가와 유통 마진을 꾀하는 상인으로 전환돼 간 것이다.

반면 이제부터 다룰 경주인京主人은 같은 주인으로 불리면서 그 역할이 사주인과 일부 겹치기는 하지만, 그 역사적 기원을 달리하는 계층이다. 경주인은 고려시대 이래 지방에서 상경해 서울과 지방의 연락사무와 부세 행정을 맡아보던 향리의 일종으로, '경저리京邸吏', '저리邸吏'로 불렸다. 사주인과 경주인 모두 부세, 공물을 책임지고 납부하게 하는 임무를 띠었으나, 경주인은 공식적으로 지방에서 파견된 향리들로서 중앙관서와 지방민에게 물자와 정보를 제공해 주는 매개 역할을 했던 자들이다.

기존 연구에서는 부세 상납과 물류 유통에서 차지하는 경주인의 역할과 위상을 고려해 이들을 공물주인의 한 형태로 정의하는 견해들이 있지만,[13] 경주인의 기원을 좇아가다 보면 이들은 애초에 중앙권력이 지방권력을 통제하기 위해 만든 기인其人들과 유사한 존재들이었음을 확인하게 된다. 다음은 고려 말 조준趙浚(1346-1405)이 시무에 관해 조정에 올린 글이다.

> "주현의 아전으로 서울에 와 있으면서 자기 고을 일을 보는 사람을 기인其人이라고 하는데, 법이 오래되면 폐단이 생기기 마련이어서 기인들이 각사의 노예처럼 부려져 고생을 견디지 못하고 도망하는 자까지 생겨나고 있습니다. 이런 경우 주관 기관에서는 경주인京主人을 독촉하여 하루에 한 사람의 속贖[죄나 역을 면제받기 위해 바치는 돈]으로 베 1필씩 징수하는데, 경주인이 대신 바친 속포를 갚지 못하면 주현에 가서 몇 배로 징수하면서 폭행과 약탈을 일삼고 있습니다. … 앞으로는 이러한 문제를 일체 폐지하고 기인을 자기 고향으로 돌려보내도록 하며 각 전殿의 역사役事는 창고 노비로 교체

하고 각사의 역사도 변정도감 소속 노비로 충당시키기 바랍니다. 또한 각사에 둔 막사幕士, 주선注選 따위도 모두 다 폐지하여 민생을 안정시켜야 할 것입니다."[14]

조준은 위의 글에서 주현의 향리 신분으로 서울에 올라와 지방 일을 보던 경주인과 기인의 비참한 실상을 언급하고 있다. 기인제는 고려시대 향리 자제를 서울에 붙잡아 두고 일정 기간 관서의 이속吏屬으로 부리면서 해당 고을의 업무를 병행하도록 한 제도로, 지방세력을 견제하기 위해 만든 장치이다. 고려 중기 이후 속현에도 수령에 준하는 감무監務를 파견하면서 국가의 지방 통제력이 확대되자 기인제도의 효용성이 떨어지게 되었고, 이후 기인들의 대우는 갈수록 낮아져 고려 말에는 중앙관서에서 천역賤役을 지는 자들로 변질되었다.[15] 조선 전기에는 사재감에 귀속되어 연료 소비를 위한 땔감 조달꾼으로 역할 했으며, 대동법이 시행되면서부터는 왕실과 정부관서에 땔감을 공급해 주는 공물주인으로 그 성격이 변화되었다.[16]

경주인 역시 고려시대 이래 서울에 올라와 각종 역을 지던 자들로서, 기인과 더불어 지방통치 수단으로 만들어진 향직의 일종이었다. 경주인은 서울에 상주하며 중앙과 지방의 연락사무를 맡고 있었지만, 기인처럼 정부관서에 예속되어 노예처럼 부림을 당하지는 않았다. 그 덕분에 경주인이라는 정체성을 조선 말기까지 유지할 수 있었다.[17] 다만, 고을에서 바쳐야 하는 조세와 공물이 제때 올라오지 않으면 정부에서 그에 대한 책임을 경주인에게 물었기 때문에 경제적 부담이 상당했다. 이 때문에 경주인들은 세곡과 공물을 상납하는 지방의 공리貢吏·색리色吏뿐 아니라 한강 변의 사주인층과도 가깝게 지내면서 정보를 공유하고, 때에 따라서는 이들이 모의하는 방납에 참여해 불법적인 이윤을 취하기도 했다.

경주인은 관료 및 각사 서리, 주인들의 내왕이 잦은 도성 안팎에 거처를 두고 생활했으며, 별도로 경비와 방자를 두어 숙박업과 연락사무에 필요한 일을 이들에게 분담시켰다. 경주인은 보통, 자신이 속한 고을의 이름을 따서 '○○경주인', '○○주인'이라 불렸지만, 경주인들이 상언할 때에는 도내 각읍 경주인들이 모여 '경기 경주인', '해서 경주인'과 같은 도의 명칭으로 자신을 칭하기도 했다. 또 도의 업무를 맡아보는 계수주인界首主人과 역참에 속한 경주인이 별도로 존재하였다.

조선 후기 330여 개의 고을에서 경주인과 그에 딸린 방자, 경비를 서울에 파견해 두었던 점을 고려하면, 이들 수는 1천여 명에 달했을 것으로 추산된다. 『경국대전』에 명시된 서리 수가 991명 정도였고, 『속대전』에 1,227명 수준으로 늘어난 점을 감안하면,[18] 중앙의 행정업무를 보조하는 경주인의 숫자가 적지 않았음을 알 수 있다.

지금부터는 고려에서 조선 말에 이르기까지 왕조국가의 관료 행정을 지원하며, 밖으로 중앙관료·지방수령과 네트워크를 형성하고, 안으로 경제적 이권을 획득해 갔던 경주인의 실체에 대해 살펴보고자 한다. 최근 조선시대 고문서와 일기자료의 발굴로 경주인의 업무와 생활상을 파악할 수 있는 자료들이 다수 공개되었기에, 기존 연구들에서 미처 밝히지 못한 경주인의 존재 양상과 그들의 생활상에 대해 이 글을 통해 소개할 수 있으리라 기대한다. 이에 2장에서는 기존 연구에서 소개된 경주인의 역할을 다양한 자료를 통해 새롭게 조명해 보는 한편, 그간 그 존재가 자세히 거론되지 않았던 경방자의 역할에 대해서도 검토해 보고자 한다.

3장과 4장에서는 대동법 시행 이후 마련된 법 조문과 지방 군현의 재정자료를 분석해 경주인의 경제적 기반이 어떻게 변화하는지 추적해 보고자 한다. 대동법 시행 이후 경주인의 역가役價를 책정하는 방식이 변화하면서 지방에서 차출해 보낸 경주인의 성격 또한 질적으로 변화하기 때문이다. 마지막으로 5장에서는 경주인이 19세기 민란의 원흉으로 지목되면서 근대이행기 새로운 생존전략을 모색하게 되는 역사적 경로를 살펴보고자 한다.

이와 같은 작업이 소기의 성과를 거둔다면, 고려와 조선에 걸쳐 장기 지속한 경주인이라는 존재가 관료제의 외곽에서 관료제를 지탱해 온 숨은 주역인 동시에, 19세기 부세 문란의 조종자로서 관료제를 뒤흔든 부패의 온상이었음을 종합적으로 평가할 수 있는 계기를 마련하게 되리라 생각한다. 이로써 본 글이 향후 전근대 양반관료제의 명암을 객관적으로 설명할 수 있는 근거자료로 활용될 수 있기를 기대한다.

2

서울과 지방의 연락사무소, 경주인의 역할

기존 연구를 통해 경주인은 각읍에서 서울로 파견되어 ① 지방민의 접대와 보호, ② 지방관의 심부름 역할, ③ 지방과의 문서 연락, ④ 부세의 책임 납부의 업무를 맡았던 것으로 알려져 왔다.[19] 본 장에서는 최근 발굴된 사환일기 자료와 고문서, 지도, 법전류를 활용해 경주인의 역할에 대해 보다 구체적으로 살펴보도록 하겠다.

상경한 지방민들의 든든한 지원군

경주인의 첫 번째 역할이라 할 수 있는 지방민의 접대와 보호를 위해 경주인이 구체적으로 어떠한 일을 수행했는지에 대해서는 황윤석(1729-1791)이 쓴 『이재난고』를 참고할 수 있다. 황윤석은 영조 5년(1729) 홍덕의 구수동에서 태어나 정조 15년(1791) 만은재 서쪽 별실에서 생을 마쳤다.[20] 서울에서 음직으로 벼슬하며 48세까지 대과를 치렀으나 결국 합격하지 못했다. 그가 처음 서울에서 사환을 하게 된 것은 장릉 참봉에 음관으로 제수되면서부터이다.

영조 42년(1766) 38세에 장릉 참봉이 된 후 영조 45년(1769) 6월 사포서 직장에서 종부시 직장으로 거관하였고, 영조 47년(1771) 6월에는 승륙하여 사포서 별제에서 사헌부 감찰이 되었으며, 영조 49년(1773) 윤4월에는 형조정랑에 임명됐다. 이후 세자익위사 익찬, 사복시 주부, 목천 현감, 장악원 주부, 전의현감 등에 제수되었다가 정조 11년(1787) 관직을 그만두고 낙향했다. 특히 장릉 참봉에서 사포서 직장과 종부시 직장으로 이어지는 초기 사환기는 황윤석이 서울에 정착하기 위해 주인층으로부터 여러 도움을 받던 시기로, 일기상에 경주인에 대한 기사가 다수 확인된다. 그중 경주인의 역할을 파악할 수 있는 주요 기사를 소개하면 다음과 같다.

황윤석은 장릉 참봉에 제수되기 전해(1765) 3월 서울에 상경했는데, 이때 수소문해 찾아간 곳이 바로 서소문 내에 있던 홍덕 경주인집이었다.[21] 처음에는 그가 어디 사는지 알 수 없어 수각교에 사는 주부 이경검의 집에 갔는데, 그는 집에 없었고 수문장은 휴가를 받아 남쪽으로 내려간 상태였다. 그런데 마침 주서 김자삼을 그곳에서 만나 이야기하다 이경검 집의 어린 여종에게 주인을 만나지 못하고 간다는 소편지만 남기고 나왔다. 그런데 그 집 행랑에 사는 이에게 묻자 수각교 북쪽에서 서소문 삼거리 방향에 있음을 자세히 알려 주기에 찾아가 보니 과연 그 집에 다다를 수 있었다고 한다.

영조 42년(1766)에 경주인 김두규가 소광통교 동석동(돗골)으로 이주하자,[22] 황윤석은 그의 집 위치를 일기에 정확히 적어 놓았다.[23] 홍덕(현 고창군)에서 상경한 황윤석의 입장에서 서울살이는 녹록지 않았을 것이기에 도움을 받을 수 있는 본읍 경주인을 알아 둘 필요가 있었던 것이다. 실제로 황윤석은 서울에서 관직 생활을 하면서 경주인 김두규에게 자주 돈을 꾸어 생활비로 썼다. 이때 황윤석은 경주인 김두규에게 홍덕에서 작성한 통문을 보여 주었는데, 김두규는 선뜻 내일모레 통문의 표지를 만들어 주겠다고 약속하고, 황윤석에게 약간의 밥까지 제공했다. 이때 김두규의 일처리가 마음에 들었는지 황윤석은 그가 제법 영리해 아낄 만하다고 일기에 써 놓았다. 이 기사에서 또 한 가지 주목할 점은 황윤석이 경주인집 안으로 들어갔을 때 홍덕현의 호적색리 강진호를 만난 일이다. 조선시대 각 고을에서는 3년마다 한 번씩 호적을 개수해 고을 관아에 비치해 두고 한 부를 한성부에 바쳤는데, 강진호는 홍덕현 호적을 마감하는 일로 김두규 집에 머무르고 있었던 것이다. 각읍에서 부세 및 여타 행정업무로 올라오는 이들이 경주인가에 머물며 일을 처리하고 있는 점을 알 수 있는 대목이다.

한편 황윤석은 서울에서 관직생활을 하며 경주인에게 종종 급전急錢을 빌려 썼다. 영조 41년(1765) 3월 25일 자 기사를 보면, 황윤석이 소편지를 써 홍덕 경주인 김두규에게 보내 5냥을 빌리고, 4냥을 성균관 반촌의 옛 주인 묵금에게 주고서 청대 2개, 석경, 안경 하나씩을 구매했다는 내용이 확인된다.[24] 이 기사를 통해 황윤석이 반촌에서 생활하면서 경주인 김두규에게 돈을 빌려 생활용품 등을 구입한 사실을 알 수 있다. 또 황윤석은 신문新門 밖으로 가서 홍덕 현감 이복원을 만나 명함을 주고받은 뒤 이복원에게, 경주인에게 돈을 빌려 여비로 쓸 것을 청했으나 이미 경주인에게 식사 대접을 받았다는 말을 들었다.[25] 지방민의 숙박 및 음식 접대는 경주인의 일상적인 업무였던 만큼, 본읍 경주인에게 노자를 빌리는 것도 일종의 관행이었던 것으로 보인다.

또 황윤석이 아침에 자신을 찾아와 반찬을 올리는 배사령에게, 서울에 올라온 홍덕 향리 진석원을 찾도록 한 뒤 경주인집과 평동에 거주하는 여객주인인 송가의 집에 머물게 한 일이 있었다.[26] 당시 홍덕 향리인 진석원이 서울에 올라온 것은 정조호장正朝戶長으로서 새해 정초에 국왕을 알현하고 조회에 참여하기 위해서였다. 진석원은 12월 30일에 미리 서울에 올라와 황윤석에게 사모와 도포, 가죽신을 빌려 갔고 1월 1일 조회를 마치고 돌아갔다. 그는 내려가기 전에 황윤석이 근무하는 종부시에 찾아와 내려간다는 뜻을 전하고 편지를 받아 갔다고 했다. 이 기사에서 등장하는 인물은 크게 배사령 김득금과 홍덕 향리 진석원, 경주인(김두규)이다. 배사령은 황윤석의 서울생활을 곁에서 실질적으로 돕는 인물로, 밥상을 올리거나 약을 구해 오거나 도성 밖에 돈을 빌려 오는 등의 일을 하고 있었다. 반면 홍덕 향리 진석원은 정조호장으로 상경할 만큼 홍덕 읍내에서 위상이 높은 인물이었기에 입궐 시 필요한 의복을 황윤석에게 빌려 입기도 하고, 황윤석이 배사령으로 하여금 서울에서 거처를 알아보도록 신경을 쓰는 인물이었다. 그러나 그 역시 황윤석의 고향집에 편지를 전달하고, 귀향 시 종부시에 찾아와 인사를 하겠다고 할 만큼 재경 관인인 황윤석을 윗사람으로 대했다. 이처럼 배사령 김득금과 경주인 김두규는 황윤석의 서울 생활에 필요한 물품과 서비스를 지원하는 역할을 했으며, 경주인 김두규의 집은 고향에서 올라오는 사람들을 맞이하고 서로 연락하는 소통의 장소로 활용됐다.

그러면 홍덕 경주인 김두규의 집은 실제 어떠한 모습이었을까? 지방에서 올라오는 수령과 향리, 사족들을 접대하기 위해서는 경주인의 손과 발이 되는 일꾼들이 필요했기에, 경주인 집에는 경방자京房子와 경비京婢가 함께 생활했다. 경방자는 중앙과 지방에 문서를 직접 수송하는 역할을 담당했으며, 경비는 경저의 살림을 맡았던 자이다. 경방자는 역가를 지원하는 봉족俸足(조선시대 입역하는 자들에게 경제적인 지원을 하던 이들)이 설정되어 있었던 반면,[27] 경비는 명칭에서도 알 수 있듯이 천인 신분으로 경저京邸에서 역을 지며 생계를 꾸렸다.

【그림 2】는 19세기 여객주인가의 생활상을 엿볼 수 있는 김준근의 〈넉넉한 객주〉라는 작품이다. 숙박, 보관 업무를 겸하고 있는 여객주인가의 건물 구조를 통해 비슷한 기능을 지닌 경주인가의 모습을 짐작할 수 있을 듯하다. 그림 속 객주집은 온돌을 설치한 기와집에 벽돌 담장을 두르고, 말을 기르는 외양간과 가축을 기르는 축사, 부엌을 갖추고 있다. 부엌에는 음식을 장만하는 여성과 정문에 물건을 나르는 일꾼이 보인다.

권상일의 『청대일기』를 살펴보면, 말이 절어서 걷지 못하자 사람을 사서 경주인집으로 보내 다른 말로 바꾸어 왔다는 기사

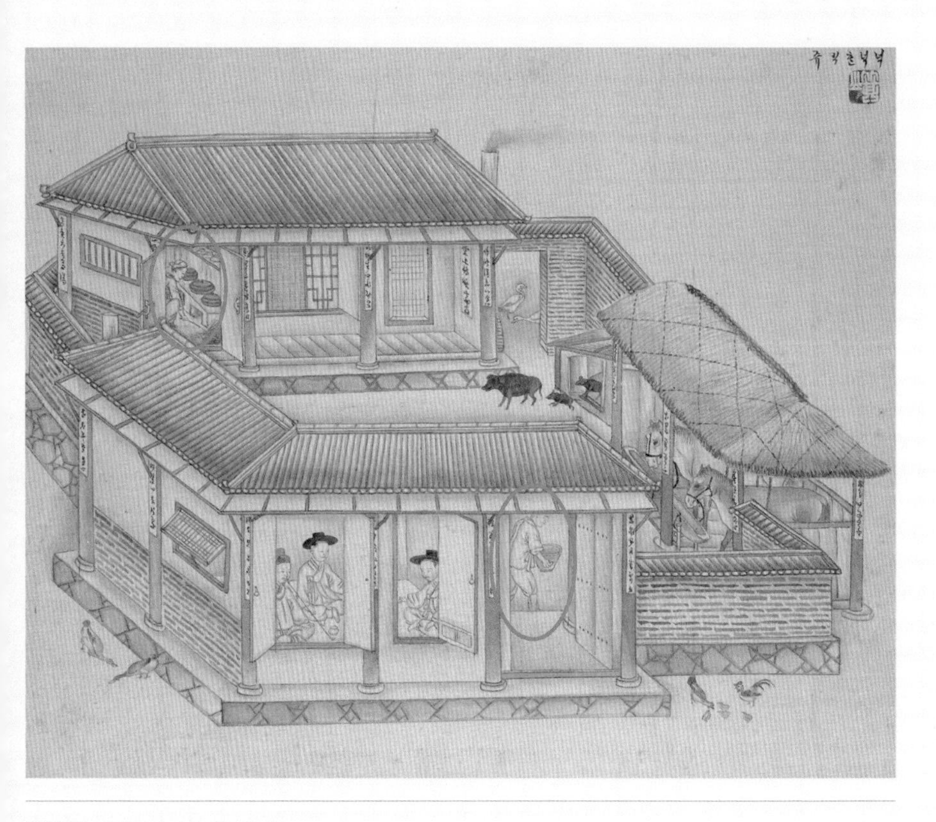

그림 2 김준근의 〈넉넉한 객주〉(1890년대), Museum am Rothenbaum(MARKK), Hamburg

가 확인되는데,[28] 경주인가에서 말을 길러 방문객들에게 운송 수단으로 대여하기도 했던 듯하다. 또 지방 사족과 유생들이 올라와 숙식하려면 여러 칸의 방이 있어야 하고, 음식과 청소, 땔감 마련, 가축 기르기를 담당하는 방자와 경비가 객주가처럼 생활하고 있었을 것으로 짐작된다. 【그림 2】를 보면, 위쪽 동그라미에 경비에 해당하는 여성이 부엌에서 일을 하고 있고, 아래쪽 동그라미에 경방자에 해당하는 남성이 소쿠리를 들고 문안을 지나는 것을 볼 수 있다.

『노상추일기』에는 경비에 관한 흥미로운 기사가 확인되는데, 정조 17년(1793) 10월 초 9일, 노상추의 고향 선산에서 남자 종인 용악이 이틀 전 서울에 올라왔다고 하여 이유를 물으니, 그의 처 용단이 지난 7월에 도망가 8월부터 뒤를 쫓아 호남 이곳저곳을 다니다가 처가 며칠 전에 경주인에게 자매自賣했다는 소식을 듣고 올라왔다는 것이다.[29] 다음 날 용악이 처가 자매한 옛 지례 경주인집으로 찾아갔는데, 지례 경주인이 지난 8월 20일에 용단이 올라와 쫓아낸 후 어디로 갔는지 모른다고 하자[30] 용악이 다다음 날 지례 경주인이 자신의 부인을 압량壓良(양인을 강제로 억압하여 천인으로 삼는 일)한 죄를 논죄하고 아내를 찾아 달라는 소장을 형조에 올렸다고 했다.[31] 소장에서 '압량'이라는 표현을 미루어 볼 때, 용악의 처는 애초에 양인 신분으로서 노상추 집안의 노와 혼인한 것으로 생각된다. 경방자와 경비 역시 본래 각읍에서 차출해 서울 경주인집에 파견하는 자들이었지만, 조선 후기 들어서는 용단처럼 스스로를 자매해 경비가 되는 이들이 생길 만큼, 경주인집의 운영에 있어 지방 통제력은 약화되었다.

지금까지 『이재난고』를 비롯한 조선 후기 일기자료를 중심으로 조선 후기 지방 출신 선비가 서울에 상경해 있는 동안 경주인에게 어떠한 도움을 받았는지 대략적으로 살펴보았다. 황윤석은 관직생활 동안 성균관 반촌에서 관주인館主人(성균관 인근 반촌에서 시골선비들의 숙식을 제공하던 주인)에게 하숙하고 있었고, 근무 중에는 해당 관서에서 숙직하는 방식으로 생활했다. 서울살이에 어느 정도 적응하면서부터는 살림을 돌봐 줄 첩실을 들이고자 수차례 혼사를 알아보기도 했지만 뜻대로 잘 되지 않았다. 게다가 안질이 있어 눈이 잘 보이지 않는 상황에서 과중한 업무로 관서에서 숙직하며 종종 쓸쓸한 심정을 일기에 적기도 했다.

이처럼 적막한 관직생활에서 의식주를 가능하게 한 것이 주인층과 배사령이었다. 특히 경주인집은 흥덕의 가족 편지를 전해 받고, 고향에서 상경한 이들을 만날 수 있는 창구 역할을 했다. 또한 생활용품에 필요한 돈을 빌리고 기타 아쉬운 부탁을 할 수 있는 곳도 경주인집이었다. 그러면 황윤석이 서울생활에 크게 의존했던 경주인가는 실제 서울 어디에 위치해 있었을까?

황윤식이 『이재난고』에서 설명한 경주인 김두규의 집을 【그림 3】에서 찾아보면, 수각교 북쪽에서 소의문 삼거리 방향에 있다는 A 지점이 김두규가 처음 거주하던 곳이고, 이사했다고 하는 소광통교 인근 동석동은 B 지점으로 추정된다. 이를 통해 보면 김두규는 그다지 멀지 않은 곳으로 집을 옮겼던 듯하다. 그런데 〈조선경성도〉를 자세히 들여다보면, 경희궁 앞에 '경주인동'과 '대정동'이라는 동명이 확인된다. 오늘날 '정동'이라 부르는 곳은 정릉이 있었던 동네를 달리 부르는 말임을 상기해 보면 황윤석이 말한 '대정릉동'은 지도상의 대정동으로 봐도 무방할 듯하다. 또 황윤석이 홍덕 경주인을 방문하기 위해 처음 서소문 안의 대정릉동으로 들어갔는데, 집이 어딘지 알지 못했다(轉入西小門內大貞陵洞 訪興德京主人 不知其家所在)는 기사 내용에서, 황윤석이 홍덕 경주인집을 알지 못한 채 왜 먼저 대정릉동으로 갔는지를 생각해 보면, 대정릉동 인근이 '경주인동'이라 불릴 정도로 여러 고을 경주인들이 모여 사는 동네였기 때문으로 추측해 볼 수 있다.

물론 홍덕 경주인 김두규처럼 도성의 다른 지역에 거주하는 경주인들도 있었다. 조선 후기 한성부의 말단 행정구역으로 '함평주인계', '광주주인계', '청주주인계', '원주주인계'와 같은 용례들이 쓰이는 이유도 이 지역에 주인층들이 모여 살았기 때문일 것이다. 이들 주인계들은 금위영의 수성자 내에 속했으며, 지도상에는 중부 장통방에 위치해 있었다. 특히 광주주인계는 19세기 말 자료에 비파동, 모자동으로 확인되는 곳이다. 이처럼 조

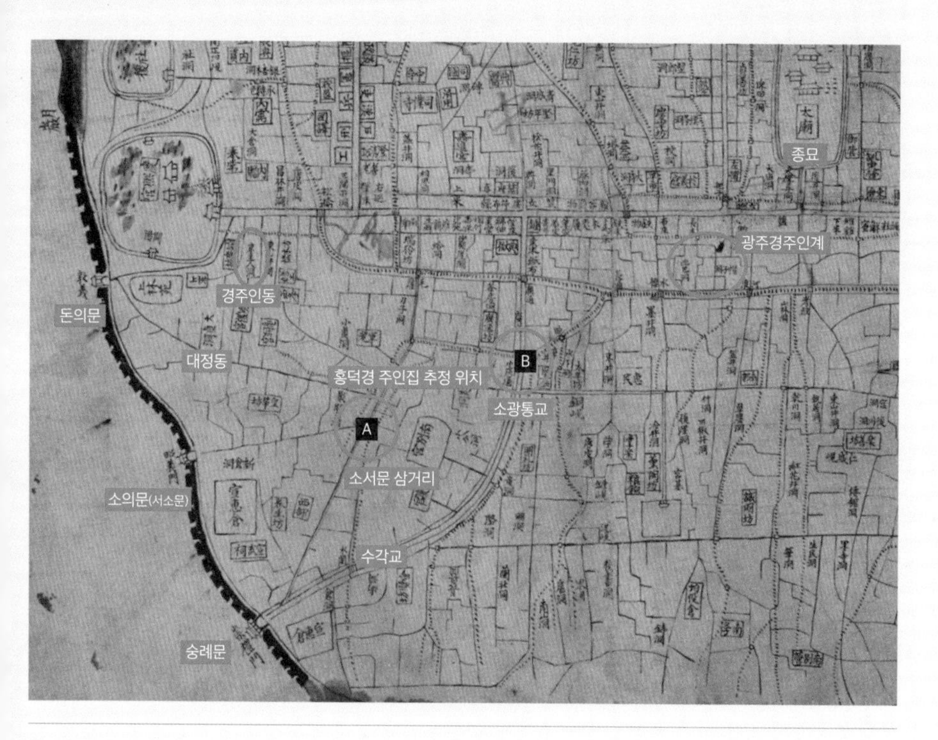

그림 3 〈조선경성도〉상의 경주인집 위치(19세기 중엽), 한국민족문화대백과사전에서 전재

선 후기 경주인들은 대정동 인근과 장통방 인근을 비롯하여 도성 곳곳에 거주하면서 지방민의 보호접대와 지방과의 연락사무를 담당했던 것으로 생각된다.

양반관료의 비공식 수행비서

경주인은 양반관료의 비공식 수행비서 역할도 했다.[32] 신임 수령이나 감사가 부임지에 내려갈 때 수행할 뿐 아니라, 이들이 필요로 하는 물품을 마련해 주고 예목禮木, 인정채人情債와 같은 수수료성 경비를 관서에 대납하는 일도 맡았다. 조선시대 관료들은 정기 인사 제도라 할 수 있는 도목정都目政에 따라 6월과 12월에 승진 혹은 면직되거나 근무처를 옮기게 되는데, 근무처를 옮기는 관원은 신구 근무처의 관원들에게 예물을 바치고, 서리들에게도 문서수발을 원활히 할 수 있도록 인정채人情債를 바쳤다. 그런데 이러한 경비를 양반관료들이 스스로 부담하는 것이 아니라 자신이 부리는 단골서리(丹骨吏)로 하여금 대납하도록 하였으며, 특히 지방관으로 부임할 경우 해당 고을의 경주인이 부담하게 했다.

【표 1】은 정조 22년(1798) 한 해 동안 양천현의 경주인인 오성흡吳聖洽이 신임 현령 임홍원林鴻遠에게 바친 고목告目(각사의 서리나 지방 향리가 상관에게 공무를 보고하던 문서양식)으로서, 이를 통해 경주인과 양반관료와의 관계를 엿볼 수 있다.

정조 22년(1798) 1월, 임홍원은 선공감 가감역에서 용인 현령으로 제수되었다가 10여 일이 지난 후 다시 양천 현감이 되었

날짜	발신인	수취인	내용	성격
1798년 1월 11일	오종엽	임홍원	• 양천으로 부임하는 데 필요한 ○○은 이미 구입하였지만, 신발[鞋子]은 구입하지 못하여 수일 내로 마련하겠다는 보고	물품 조달
1798년 1월 12일	오성흡	임홍원	• 임홍원이 양천으로 부임하면서 이조제조사채(吏曹除朝辭債: 신임 수령이 이조에 하직 인사를 하러 오는 것을 면해 주는 데 따른 수수료), 이조류대패(吏曹留待牌: 신임 수령이 이조에 하직인사하러 오도록 불러들이는 패) 등을 처리하고 검은 가죽신[黑靴] 등을 준비하는 상황 보고	이조에 정채 납부 물품 조달
1798년 1월 26일	오성흡	임홍원	• 얼마 전에 구입한 검은 가죽신과 청송당(聽松堂)의 편지를 함께 올린다는 보고	물품 조달 소식 전달
1798년 2월 2일	오성흡	임홍원	• 선공감에서 새로 양천현령에 제수된 임홍원의 예목을 재촉하자, 3개월 이내에 전직하였을 경우 예목을 납부하지 않는다는 비변사 절목에 따라 예목을 납부하지 말도록 경주인에게 공문을 내려 줄 것을 요청하는 고목	예목 수취 저지 요청
1798년 2월 27일	오성흡	임홍원	• 아전이 대동하고 온 행보석(行步席: 좁고 긴 돗자리)과 병조기병 1명을 병조에 이관하였으나, 병조에서 좌기(坐起: 업무회의)를 열지 못해 자문(尺文: 영수증)을 아직 받지 못했다는 내용과 총융사 김시묵이 현륭원 행차 직전 파직되었다가 복직되었다는 내용 보고	부세 상납 소식 전달
1798년 3월 12일	오성흡	임홍원	• 임홍원이 좋은 거울을 구입해 줄 것을 요구하자, 거울을 수소문해 4냥짜리 거울을 구입하게 되었음을 보고	물품 조달
1798년 3월 23일	오성흡	임홍원	• 결전 50냥에 대한 수표(手標: 현물이나 돈을 주고받을 때 확인하는 증서) 작성, 흑립을 25일까지 잘 만들 것, 철제 거울[鐵鏡]은 분부대로 봉화댁에 바쳤다는 내용 보고	부세 상납 물품 조달
1798년 4월 22일	오성흡	임홍원	• 황필 2자루 취득 보고	물품 조달
1798년 8월 5일	오성흡	임홍원	• 해가(蟹價: 양천의 공물인 게를 대신 바치는 값)의 수표와 건기(件記: 물목단자)를 확인, 예방서리가 20냥을 가지고 상경하였으나 부재하여 수표를 발급하지 못한 내용 보고	부세 상납
1798년 9월 11일	오성흡	임홍원	• 선공감에서 양천현령 임홍원의 예목을 재촉하는 사정을 알리면서 3개월 이내에 전직하였을 경우, 예목을 납부하지 않는다는 비변사 절목에 의거하여 예목을 납부하지 말라는 공문을 보내 줄 것을 요청하는 보고	예목 수취 저지 요청
1798년 9월 18일	오성흡	임홍원	• 용인의 경주인 조영필에게 보채전(報債錢) 52냥을 곧바로 전해 주겠다는 내용 보고	채무상환

출전: 『고문서집성 67: 나주 임씨 창계후손가편』(한국정신문화연구원, 2003)

표1 양천현의 경주인 고목告目

다. 임홍원에게 양천 경주인이 올린 고목告目의 내용을 살펴보면, 경주인과 신임 수령의 관계를 파악할 수 있다. 【표 1】에서 보듯이 양천 경주인 오성흡은 신임 수령 임홍원에게 그가 필요한 물품을 구매해 주고, 사적인 소식을 전달해 주는가 하면, 양천현의 부세 상납과 관련된 업무처리 내용을 보고하고 있다. 1월 11일 자 고목에는 경주인이 오종엽으로 되어 있으나, 이는 양천의 하리 안종엽과 양천 경주인 오성흡 사이에서 혼동이 있었던 것으로 짐작된다.

경주인 오성흡은 임홍원이 양천현에 부임할 때 신을 신발(鞋子)은 물론, 별도로 요청한 누런 붓(黃筆), 흑립, 거울에 이르기까지 물품 구득을 대신하고 있는가 하면, 거관去官(인사로 근무지를 옮김)으로 발생한 선공감의 예목과 신관으로 부임하면서 바쳐야 하는 이조제조사채吏曹除朝辭債를 각사에 대신 납부하였다. 이조제조사채는 글자 그대로는 신임 수령이 이조에 하직 인사를 하러 오는 일을 면해 주는 데 따른 사례비로 해석되지만, 이조에 바치는 관행적인 수수료라 할 수 있다. 1798년 1월 12일 고목을 살펴보면, 이조제조사채는 본래 경주인이 아닌 단골서리가 부담해야 하는 것인데, 단골서리가 자신의 업무가 아니라고 하는 탓에 부득이 경주인이 이를 대신 납부하게 되었다는 내용이 포함되어 있다. 양반관료들은 인사이동 시 이조의 서리를 자신의

단골리로 두고 이들에게서 인사이동에 대한 정보와 정채情債 납부 등의 정보를 얻고 있었다.[33]

특히 지방관으로 부임하는 관료들은 경주인에게 본읍에 내려갈 채비는 물론 각관에 바칠 예목도 부담시켰다. 다만, 【표 1】에서 양천 경주인 오성흡은 선공감에 바칠 예목에 대해서는 납부하지 않으려 했는데, 구 관서에 바치는 예목은 3개월 이내에 전직할 경우 납부하지 않는다는 비변사의 절목이 있었기 때문이다. 그런데 선공감에서는 임홍원이 양천 현령이 된 지 수개월이 지났는데도 오성흡에게 예목을 바치라는 요구를 계속하였다. 이에 오성흡은 임홍원에게 2월 2일과 9월 11일 자 고목을 올려 자신에게 선공감에 예목을 바치지 말도록 하는 공문을 내려 줄 것을 요청해 선공감의 독촉을 피하고자 했다.

이 밖에도 오성흡은 9월 18일 고목에서 보듯이 임홍원이 양천 현령에 발령받기 전 용인 현령으로 잠깐 부임했을 당시, 용인 경주인 조영필에게 빌려 쓴 돈 52냥을 대신 갚아 주기도 했다. 그러면 오성흡이 수령에게 바치던 물품가와 예목, 정채의 비용은 어떻게 마련되었을까?

이에 대해서는 【그림 4】의 을축년 경주인하기下記(지출문서)에서 실마리를 얻을 수 있을 듯하다. 【그림 4】는 관에서 경주인에게 경비를 지급하는 문서로서, 관의 도서圖署(도장)와 착관着官(관

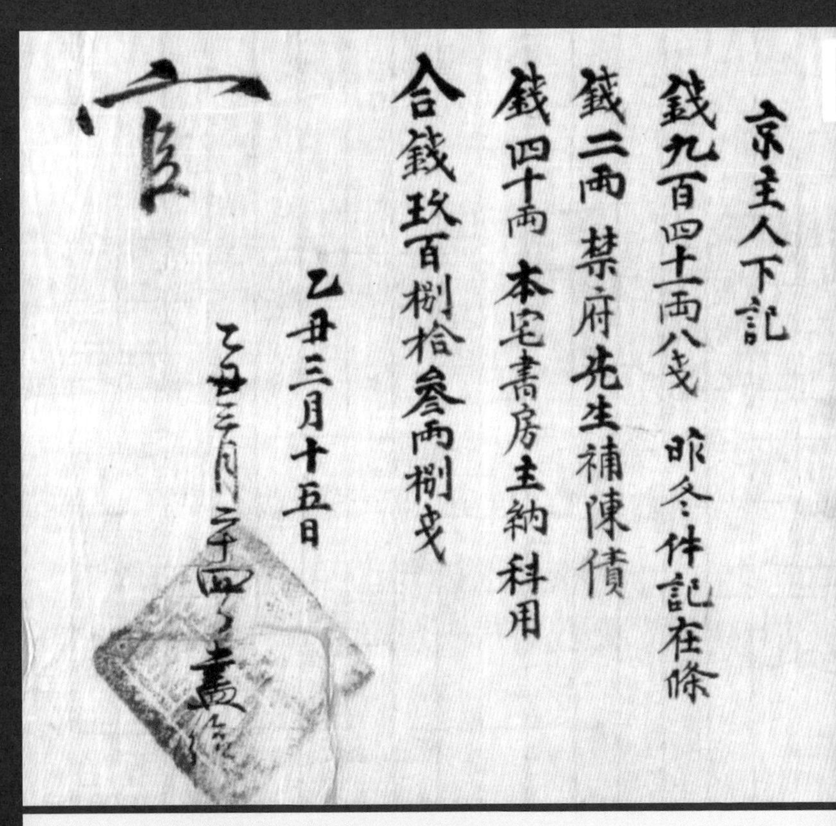

京主人下記	경주인하기
錢九百四十一兩八錢 昨冬件記在條	전 941냥 8전 지난 겨울 물목단자에 포함된 항목
錢二兩 禁府先生補陳債	전 2냥 금부선생이 쓰는 방석값
錢四十兩 本宅書房主納科用	전 40냥 본댁 서방님에게 드린 과거 비용
合錢玖百捌拾參兩捌錢	합전 983냥 8전
乙丑三月十五日	을축 3월 15일
乙丑三月二十四日盡給 圖署	을축 3월 24일 모두 지급함. 도서
官	착관

그림 4 **을축년 경주인하기,** 대전 회덕 은진송씨 동춘당 후손가 소장, 한국학중앙연구원 고문서자료관 기탁 자료

『고문서집성 83: 회덕 은진송씨 동춘당후손가편(Ⅰ)』, 한국학중앙연구원, 2006에서 재인용

의 명칭을 써넣은 것)이 있는 것으로 보아 경주인의 비용 청구에 대해 관에서 이를 모두 지급할 것을 승인한 문서로 이해된다.

경주인이 지출한 금액은 총 983냥 8전으로 세목을 살펴보면 총 세 가지로 구분된다. 우선 941냥 8전은 지난 겨울 수령에게 바친 물목단자(件記)에 포함된 것이고, 2냥은 의금부의 전임 관원(先生)의 방석값(補陳債)이며, 전 40냥은 본댁 서방님께 과거 경비科用로 지급해 드린 돈이다. 이 문서가 회덕(현대 대전시 소속 행정구역)의 동춘당 후손가에 소장되어 있는 것은 아마도 동춘당 후손이 지방관을 지낼 적에 경주인에게 받은 문기를 보관해 두었기 때문인 것으로 생각된다.

현존하는 동춘당 후손가의 자료는 송준길宋浚吉(1606-1672)의 차손인 송병하宋炳夏(1646-1697) 집안의 자료로, 경주인하기를 발급한 관아의 수령은 송준길의 증손인 송요화宋堯和(1682-1764)로 짐작된다. 집안에 내려오는 고신告身(임명장)을 살펴보면, 송요화가 영조 6년(1730)부터 선공감 감역, 사복시 주부, 의금부도사, 장흥고주부와 같은 경관직을 지내고 청산 현감, 진산 군수, 선산 부사, 광주 목사 등 외관직도 두루 역임하였는데, 을축년 경주인하기에 보이는 금부선생은 해당 고을에 부임한 수령이 전에 의금부에 근무했음을 보여 주는 대목이기 때문이다. 한편 큰아버지인 송병문가에 입후된 그의 형 송요경 역시 경외 관직을

두루 역임했으나 의금부의 관력을 가지고 있지는 않다.[34]

동춘가 후손가 소장 고문서가 송준길의 손자와 증손 대에 작성된 것이라는 점을 감안한다면, 송요화가 지방관으로 부임한 시절에 작성한 하기로 추정해 볼 수 있으며,[35] 하기가 작성된 을축년은 송요화가 63세가 되는 영조 21년(1745) 무렵으로 연대를 비정할 수 있을 듯하다.

동춘당 후손가에 소장된 경주인하기의 내용을 감안하면, 앞서 【표 1】의 오성흡 역시 임홍원이 요구한 물품과 정채 등을 양천현에 청구해 대금을 지급받는 절차를 거쳤을 것이다. 그러면 고을에 대금을 청구하기 전에 물품 구매 비용과 정채 등의 수수료는 어떻게 마련했을까? 이에 대해서는 18세기 후반 교동 경주인으로 한성부 서부에 거주하던 황덕휘의 상언에서 실마리를 찾을 수 있다.

> 저는 교동의 경주인 노릇을 하여 생계를 유지하고 있습니다. 전 부사 이엽을 맞이할 때(新迎) 예목 및 각처에 내려보낼 돈 108냥을 빚을 내어 마련해 주었습니다. 그런데 부사는 곧바로 교체되어 돌아갔고 신임 부사와 전임 부사가 서로 떠넘기면서 5년이 지날 때까지 끝내 갚아 주지 않았습니다. 그 뒤에 부사 이성묵이 제배될

때 가져다 썼던 빚이 900여 냥에 이르렀는데, 도로 갚을 때가 되자 이자는 계산하지 않고 원금만 여러 차례에 걸쳐 내주었습니다. 저는 집까지 팔고 지금은 완전히 파산할 지경에 이르렀습니다. 부디 그동안 빌려 간 두 항목의 돈 1,000여 냥을 일일이 찾아 주어 제가 살아갈 수 있게 해 주시기 바랍니다.[36]

정조 24년(1800) 3월 교동의 경주인 황덕휘는 지난 5년간 신임 부사와 전임 부사가 떠넘기고 갚지 않은 빚과 부사 이성묵이 제수될 때 쓴 빚 900여 냥의 이자, 그리고 전 교동 부사 이엽의 신영新迎 시 발생한 예목가와 이전 근무지에 지급할 돈 108냥으로 인해 집을 팔고 파산할 지경에 이르렀다는 상언을 올렸다. 도목정사 후 교동부사를 본관에서 새로 맞이하는 데 드는 행정 비용을 지방 재원에서 할애해 쓰지 않고 각읍의 경주인에게 부담시키고 있었던 것이다. 조정에서는 이와 같이 관원들이 경주인에게 빚을 지는 일을 엄히 금단하였으나 채전을 상환하는 것은 녹봉으로 인한 수익이 뻔한 관원들에게 쉬운 일이 아니었다.

신구 수령을 맞이하거나 전송할 때 지급하는 쇄마가(말을 빌려 쓰는 값)는 대동법이 시행되면서 지방에 보관해 두는 대동유치미大同留置米에서 지급되었지만, 여타 신임 관원이 준비해야 하는 물품은 경비 항목에 포함되지 않았기 때문에, 보통 지방에 부임하는 수령은 경주인에게 빚을 내어 이를 마련할 수밖에 없었다. 그런데 도목정사로 인사이동이 있을 때 다른 관서로 옮겨 간 전임 수령이 경주인에게 진 빚을 갚지 않는 문제가 자주 발생하였다.

조선 후기 중앙과 지방 경비에 경주인 역가役價가 공식적으로 책정되는 이유도 이러한 경주인의 현실과 관련이 클 것으로 생각된다. 영조 29년(1753) 비변사에서 작성한 『공폐貢弊』 중 경기 경주인의 상언을 살펴보면, 수령 부임 시 각종 수수료성 경비는 보통 이조의 단골서리가 담당했으나, 경기 각읍은 이조에

경기 경주인 상언	경주인에게 부과하는 중간비용	비변사 처리안
상언1	신임 수령의 당참(堂參: 이조의 단골서리에게 지급하는 수수료) 부담	수령이 임금께 하직인사를 하고 내려간 후 고을에서 직접 마련해 보낼 것
상언2	신임 수령이 이전에 근무한 중앙관서에 인사치레로 바치는 무명[禮木]	수령이 임금께 하직인사를 하고 내려간 후 고을에서 직접 마련해 보낼 것
상언3	각 고을 수령이 과거시험을 보러 상경할 때 의정부에 바치는 시가예목(試暇禮木: 휴가 시 바치는 예목)	수령이 휴가 신청 시 직접 바칠 것
상언4	수령이 사조하고 부임지에 내려가는 날 이조에서 해유(解由: 전임 관원의 인수인계 문서)에 쓸 종이값[作紙]을 독촉하는 일	수령이 임금께 하직인사를 하고 내려간 후 고을에서 직접 마련해 보낼 것

표 2 경기 경주인이 부담하는 수수료

바치는 당참채堂參債(이조의 단골서리가 바치는 수수료), 작지作紙(공문 작성을 위한 종이값 명목의 수수료), 정부관서(各司)의 예목을 경주인이 마련해 바친다고 했다.[37]

【표 2】는 『공폐』에 담긴 경기 경주인의 상언을 사안별로 정리한 것이다. 비변사에서는 경기 경주인의 상언에 대해 신관의 당참과 각사 예목, 수령 해유 시 거두는 이조의 작지가 등은 모두 수령이 임금께 하직인사를 하고 내려간 후 고을에서 직접 마련해 보내도록 지시했다. 수령이 과거 응시를 위해 휴가를 내어 상경했을 때 의정부에 바치는 시가예목試暇禮木도 수령이 휴가 신청 시 직접 바치도록 했다. 그러나 이러한 비변사의 조치는 제대로 지켜지지 않았다. 경주인에게 각종 행정 서비스를 제공받던 경험을 포기하기란 쉽지 않았을 것이다. 실제로 대동법 시행 이후 이들 경주인 역가가 현실화되면서 경주인에게 물품, 수수료성 경비를 요구하는 관행은 앞서 임홍원의 사례에서 보듯이 일반화되었다. 이러한 경주인의 관료 행정 서비스 내에는 신임 수령이 부임해 내려가는 길의 숙소와 식사에 대해 각 역참에 미리 알리고 준비하는 일도 포함됐다.

다음 【그림 5】는 길주 방어사로 제수된 오영선이 병조로부터 발급받은 노문路文에 길주 경주인이 작성한 배참문기排站文記(도착지까지의 경로와 거리를 고려해 경유할 역참을 정리한 문기)를 점련粘

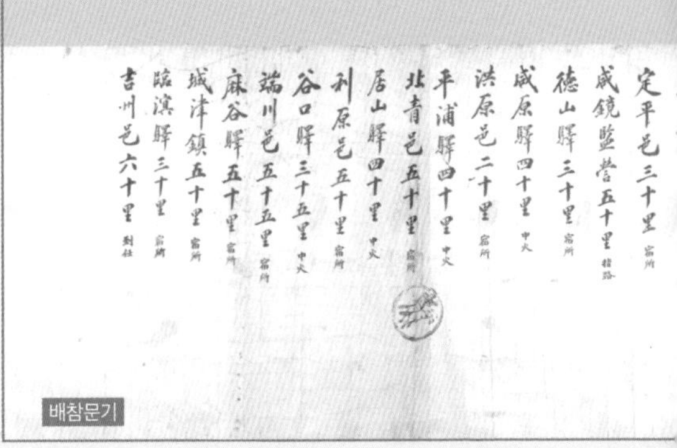
定平邑三十里 宿所
咸鏡監營五十里
德山驛三十里 宿所
咸原驛四十里 中火
洪原邑二十里 宿所
平浦驛四十里 中火
北青邑五十里 宿所
居山驛四十里 中火
利原邑五十里 宿所
谷口驛三十五里 中火
端川邑五十五里 宿所
麻谷驛五十里 宿所
城津鎮五十里 宿所
臨溟驛三十里 宿所
吉州邑六十里 到任

그림 5 1862년 병조에서 오영선에게 발급해 준 노문路文과 배참문기, 안성 해주오씨 오치풍 후손가 소장, 한국학중앙연구원 고문서자료관 기탁 자료

連(첨부)한 문서이다. 노문路文은 조선 후기 왕명에 따라 지방을 왕래하는 사신이나 지방관으로 부임하는 관원이 역로에서 음식과 마필을 제공받을 수 있도록 정부에서 발급한 공문서의 일종이다.[38] 왼쪽의 세로로 작성된 문서가 노문이며, 오른쪽에 길게 이어 붙인 문서가 배참문기이다. 점련한 부분마다 원 모양의 인장을 찍어 놓았는데, 이는 역에서 갈아탈 수 있는 마필 수를 입증하는 마패馬牌이다.

배참문기의 오른쪽 부분이 유실되어 문서 전반부의 내용을 정확히 파악하기 어렵지만, 편년사료를 찾아본 결과 철종 13년(1862) 당시 길주 방어사로 제수된 인물이 오영선吳永善임을 확인

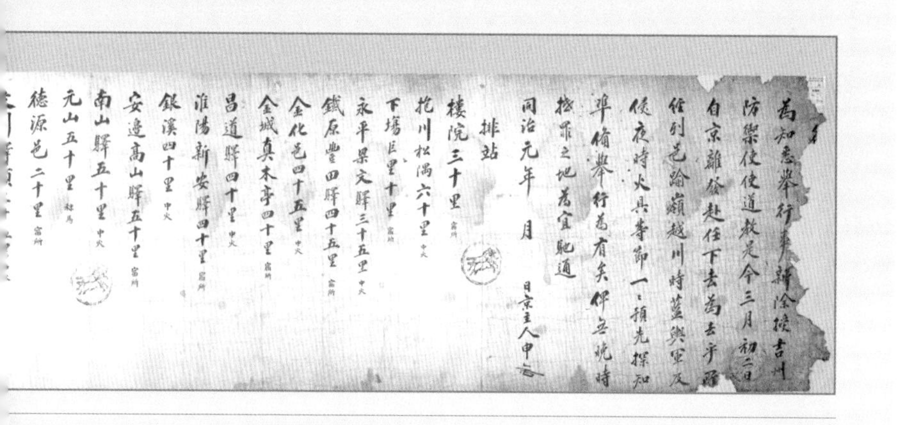
爲知悉擧行事辭陛後吉州
防禦使使道教是今三月初二日
自京離發赴任下去爲去乎沿
途列邑踰嶺越川時藍輿軍及
候夜時火具等節一一預先採知
準備擧行爲有矣俾無晩時
推罪之地爲宜馳通
同治元年 月 日京主人中
排站
樓院三十里 宿所
抱川松隅六十里 中火
下場臣里十里 宿所
永平梁文驛三十五里 中火
鐵原豐田驛四十五里 宿所
金化邑四十五里 中火
金城眞木亭四十里 宿所
昌道驛四十里 中火
淮陽新安驛四十里 宿所
銀溪四十里 中火
安邊高山驛五十里 宿所
南山驛五十里 中火
元山五十里 秣馬
德源邑二十里 宿所

할 수 있었다.[39] 이 문서에서 경주인의 역할을 이해하기 위해서는 노문의 내용과 배참문기의 앞부분의 내용을 살펴볼 필요가 있다.

우선 노문에는 길주 목사겸방어사 오영선이 부임해 내려갈 때 수행하는 군관·녹사·영리·반당·노자·나장·군뢰·기수·취수·기복마·인부의 수가 자세히 기록되어 있다. 따라서 노문은 수행 인원과 마필 수를 명시하여 오영선 일행에게 각읍과 역참에서 숙식을 해결하고 마필을 제공하도록 공인公認하는 문서라 하겠다. 이에 점련된 경주인 배참문기는 각읍 및 역참에 길주 목사겸방어사의 행차를 미리 알려 때에 맞춰 물력을 제공할 수 있도록 도리표의 형태로 정리해 놓은 것이다. 배참문기 앞부분의 내용을 살펴보자.

> [유실된 부분 생략] 사정을 자세히 살펴서 거행할 일입니다. 새로 제수된 길주방어사 사또께서 이번 3월초 2일에 서울을 출발하시어 부임해 내려가시온 바, 열읍의 고개를 넘고 하천을 건널 때 필요한 남여꾼과 밤에 불 지필 화구 등을 하나하나 미리 찾아서 준비, 거행하여서 때에 늦어 죄를 짓는 일이 없도록 마땅히 빨리 알리십시오.[40]
>
> – 동치 원년 월 일 경주인 신申 수결手決(서명)

위의 내용에 따르면, 길주 경주인 신○○은 길주까지 오영선과 그의 수행원들이 무사히 내려갈 수 있도록 남여꾼과 화구 등을 각읍 서리와 역참의 역리에게 미리 마련해 놓도록 당부하고 있다. 겨울 추위가 채 가시지 않은 음력 3월 초에 서울에서 길주까지의 행차는 가마나 말을 타고 간다고 해도 멀고 긴 여정이었기에, 경유지에서 제공받는 숙식과 말은 오영선의 일행에게 일종의 보험과도 같은 장치였다. 경주인 역시 오영선이 배참문기에 적힌 일정에 맞춰 각읍과 역참에 당도할 수 있도록 서울

배참 지역명	구간별 거리	여정 내용	비고
누원	30리	숙소	점련부 마패(2마) 인
포천 송우점	60리	중화(점심)	
하장거리	10리	숙소	
영평 양문역	35리	중화(점심)	
철원 풍전역	45리	숙소	
김화읍	45리	중화(점심)	
금성 진목정	40리	숙소	
창도역	40리	중화(점심)	
추양 신안역	40리	숙소	
은계역	40리	중화(점심)	
안변 고산역	50리	숙소	
남산역	50리	중화(점심)	점련부 마패(2마) 인
원산	50리	말에게 꼴 먹임[秣馬]	
덕원읍	20리	숙소	
문천역 입구[頭]	35리	중화(점심)	
고원읍	50리	숙소	
영흥	40리	중화(점심)	
초원역	40리	중화(점심)	
정평읍	30리	숙소	
함경감영	50리	길 확인[指路]	
덕산역	30리	숙소	
함원역	40리	중화(점심)	
홍원읍	20리	숙소	
평포역	40리	중화(점심)	

북청읍	50리	숙소	점련부 마패(2마) 인
거산역	40리	중화(점심)	
이원읍	50리	숙소	
곡구역	35리	중화(점심)	
단천읍	55리	숙소	
마곡역	50리	숙소	
성진진	50리	숙소	
임진역	30리	숙소	
길주읍	60리	도임	점련부 마패(2마) 인

표 3 1862년 오영선의 길주 부임 여정

에서 필요한 채비를 하였다. 그러면 실제 오영선 일행은 길주에 이르기까지 어떠한 고을과 역참에 머물렀을까? 위의 경주인 점련문기의 내용을 정리하면 【표 3】과 같다.

길주 방어사 오영선은 서울에서 부임지로 가기 위해 총 1,350리의 길을 지나갔으며, 하루 평균 70여 리의 여정을 소화하며 점심을 먹거나 유숙했다. 여정 내내 총 18번을 숙박한 점을 감안하면,[41] 서울에서 길주까지 18박 19일의 여정을 소화한 셈이다.

이처럼 조선시대 경주인은 도목정사를 통해 인사 발령이 행해지면, 지방관의 부임에 따른 각종 물력을 제공하고 신임 수령의 전직 관서에 예목을 지급해야 했다. 또 수령이 본읍에 내려갈 때 경유지의 고을 객사와 역참에서 숙식과 마필을 때맞춰 제공받을 수 있도록 분주한 행정절차와 문서수발을 감당해야 했다. 문제는 이 과정에서 양반관료와 사족들의 침탈이 자행되었다는 점이다.

서울대학교 규장각한국학연구원에 소장된 「연품절목筵稟節目」은 정조 9년(1785) 비변사에서 경주인의 침탈 행위를 바로잡기 위해 작성된 절목의 하나이다. 전라도와 경상도 경주인을 대표해 이종억 등이 올린 소지에 대해, 8개 항목으로 조처하는 내용이 담겨 있다. 이 「연품절목」은 영조 49년(1773) 처음 「계사혁폐지절목癸巳革弊之節目」으로 작성된 바 있으며, 정조 9년(1785)에 작성된 「을사절목」은 이를 보완하여 작성된 것이다. 일개 고을이 아닌 전라도, 경상도의 경주인들이 뜻을 모아 비변사에 소지를 올린 점에서 경주인에게 가해지는 침탈이 광범위하였음을 짐작할 수 있다.

구체적인 내용을 살펴보면, 신구관 교체 시 각종 비용을 부담하기 위한 채전債錢을 경주인에게 책임 지운 뒤 이를 상환하지 않거나 상환해도 본전만 갚아 이자 손실을 경주인에게 떠넘기는 일, 양반가의 혼례·상례에 드는 물품을 경주인에게 무상으로 요구하는 일, 정부관서나 세도가에서 경비를 무상으로 징수하는 일, 지방 군현에서 채전債錢을 쓴 뒤 상환 기간을 지연시켜 경주인이 대신 갚게 되는 일 등이 지적되었다.[42] 그러나 절목을 만들어 양반, 사족들의 침탈 행위를 단속한다 해도, 이들이 경주인에게 경제적 지원을 받는 행위 자체를 근절하기는 어려웠다. 조선 후기 양반관료들의 수입이 조선 전기에 비해 줄어든 데다가,[43] 양반관료들 역시 인사이동에 따라 인사치레를 해야 할 일이 많았기 때문에, 경주인에게 자잘한 수수료성 경비와 급전急錢을 그때그때 조달해 쓸 수밖에 없었던 것이다.

정조 14년(1790)에는 홍문관 수찬 민창혁이 당시 전라 감사의 지친至親이라는 점을 이용해 전라도 경주인 김찬익을 집으로 불러들여 돈 410냥을 억지로 마련해 바치게 한 뒤 4개월이 지나도록 갚지 않은 일이 있었다. 마침 비변사에서 도성민들에게 폐막을 묻는 일이 있자 김찬익이 이에 대한 억울함을 상언으로 아뢨는데, 민창혁은 이를 듣고 처음에는 가사문권을 내어 주며 빨리 갚겠다고 하였다가 차일피일 미루며 이후로도 갚지 않았다. 정조는 이미 정해진 절목에 따라 수찬 민창혁을 처벌해야 하겠지만, 민창혁이 지방관에서 옮겨 온 지 15년이 되어 곤궁한 처지인 데다가, 종형제가 감사라면 돈을 꾸고 빌리는 일은 이상한 일도 아니므로, 과실을 논하자면 민창혁에게 죄가 있는 것이 아니라 410냥을 경주인에게 갚아 주지 않은 전라 감사에게 있다고 지적했다.[44] 양반관료의 관직생활에 경주인의 경제적 지원이 불가피한 상황을 국왕 스스로 시인한 것이다.

양반관료의 경제적 침탈은 지방관의 비공식 수행비서로서 부임 초부터 수령들에게 물력을 제공하고 정채를 대신 납부하는 역할을 수행해 온 경주인들이 필연적으로 맞닥뜨릴 수밖에 없는 문제였다. 조선정부는 이처럼 관료 행정을 지원하는 경주인층의 이탈을 막기 위해 이들이 겪는 경제적 침탈을 그때그때 시정하는 개선안을 발표했으나 이들의 피해상을 근본적으로 해결하지 못하였다.

발로 뛰는 우체부, 경방자

경주인의 또 하나의 업무는 중앙과 지방의 연락사무였다. 현존하는 조선시대 첩보류들을 살펴보면, 경주인들이 수시로 중앙관서의 행정명령을 지방관아에 전달하고, 이에 대한 첩보牒報(하위관서에서 상위관서에 서면으로 하는 보고)를 중앙관서에 전달하는 역할을 했음을 알 수 있다. 다음은 영조 11년(1735) 남원현에서 형조에 첩보한 내용이다.

첩보하는 일. 본현 경주인 김차건金次健의 고목告目에, "형조의 노비공목奴婢貢木[노비들이 신공으로 바치는 무명]을 재촉하여 거두어 올려보내 주소서"라고 하였습니다. 그런데 본현에는 이미 형조 소속의 노비가 없고 전부터 또 공목을 거두어 상납한 일도 없었으니, 그 노비가 누구이고 어느 면에 살고 있는지 모를 뿐만 아니라, 형조에서 또 관문關文[상위관서에서 하위관서에 행정사항을 전달하는 문서]을 보낸 일도 없었습니다. 그러므로 이로써 경주인에게 분부하였더니, 방금 도착한 경주인 김차건의 이름으로 형조에 올린 문서의 제사題辭[처분 사항] 말단에, 비·순금·애분·개야지·예선·효양·덕례·기림·금육·예덕·화옥·예조·예감·제비·막춘·춘이 등이다"라고 하였습니다. 그래서 본현에 보관한 각 관사의 노비안奴婢案을 여러 차례 나누어 살펴보니, 원래 위의 노비 이름이 기록된 곳이 없었습니다. 그래서 전후 색리들에게 특별히 더 조사하게 하였으나 모두 아는 바가 없었습니다. 전부터 한 번도 공목을 거두어 상납한 일이 없었으니, 지금 이 노비들의 내력과 거주지를 일일이 베껴 써서 온 뒤에야 공목을 징수할 수 있으므로 이에 첩보합니다. 형조에서 위에서 말한 노비의 부조父祖 이름과 거주지 및 몇 년도에 노비안에 기록했는지 사유를 더 상세하게 베껴 써주도록 특별히 분부를 내려 주소서.[45]

남원 현감이 위와 같은 첩문을 작성해 형조에 보고한 것은 남원현의 경주인 김차건이 형조의 노비공목奴婢貢木을 재촉해 거두어 올려보내 달라는 고목告目을 내려보냈기 때문이다. 고목은 앞 절에서 살펴본 것처럼 각사의 서리나 지방 향리가 상관에게 공적인 일을 알리거나 문안할 때 작성하는 공문서의 일종이다.

남원 현감은 본현에 형조 소속 노비가 없고 전부터 공목을 상납한 일이 없기 때문에 형조에서 관문을 내려보낸 적이 없다는 내용으로 경주인에게 사실관계를 알렸다. 경주인이 이를 형조에 문서로 아뢰자 형조에서 처분 내용(題辭)과 함께 남원현의 노비 이름을 찾아 처분 내용 말단에 베껴 써준 문서를 경주인에게 보냈고, 경주인이 이를 남원현에 다시 전달한 것이다.

남원 현감은 경주인이 보낸 문서를 바탕으로 본현의 각사 노비안을 살펴보고 형조에서 적어 보낸 노비 이름을 조사했으나 모두 해당하는 자가 없자, 이번에는 형조에 직접 앞서 보낸 노비들의 선조 이름과 이들이 몇 년도 노비안에 기록되었는지 정리해 보내 달라는 첩보를 올렸다. 위의 첩보 내용에 관련된 남원현과 경주인, 형조 사이의 문서 행위에 대해 정리하면 다음 【표 4】와 같다.

형조에서 직접 남원현에 관문을 내리지 않고 남원 경주인 김차건을 통해 노비공목의 상납을 독촉한 것은, 남원현에서 노비공목이 올라오지 않을 경우 경주인에게 책임 지우려는 의도에서일 것이다. 이 때문에 경주인은 남원 현감에게 어렵게 노비공목 상납을 독촉하는 고목을 올렸고, 이후 남원현의 입장을 형조에 전달하는 문서수발까지 담당하였다. 『남원현첩보이문성책』에는 후속 조치에 대한 내용이 빠져 있어 경과를 알 수는 없지만, 형조에서 남원현 소속 노비공이 제대로 수취되지 않을 경우 이에 대한 책임이 경주인에게 돌아갈 것이 불보듯 뻔한 상황

정보전달 방식	수신-발신 관계	전달 내용
①고목	경주인 김차건 → 남원 현감	형조의 노비공목 상납 재촉 고지
②분부[패자]	남원 현감 → 경주인 김차건	본현에 형조 노비 없음 전달
③고목	경주인 김차건 → 형조	본현에 형조 노비 없음 전달
④제사	형조 → 경주인 김차건	제사와 형조 소속 본현 노비명단 기재
⑤고목	경주인 김차건 → 남원 현감	제사와 형조 소속 본현 노비명단 전달
⑥첩보	남원현감 → 형조	형조 소속 본현 노비의 부조(父祖) 이름과 수록 노비안 정보 요청

표 4 영조 11년(1735) 12월 21일 남원현 문서행정 절차

이었다. 그런데 당시 남원과 경주인, 형조 사이에 작성·발급된 문서를 전달한 이는 위의 사료에는 드러나지 않았지만, 경주인가에 속한 경방자京房子였을 가능성이 크다.

경방자는 앞서 언급한 것처럼 국가 연회 시 지방 군현에서 차출되어 행사를 지원하거나 중국 사신이 내왕했을 때 접대를 위한 각종 업무에 일시적으로 동원되기도 했으나,[46] 주로 하던 일은 중앙과 지방을 오가며 이러한 공문서를 전달하는 것이었다. 물론 고을에 따라 경주인이 공문을 송달한 사례도 있지만, 대체로 지방에 내려가 문서를 전달하는 일은 경방자가 맡았다.

임진왜란 이후 국왕의 명령이나 정부관서의 공문을 전달하는 일은 파발擺撥을 활용한 것으로 알고 있지만, 긴급한 명령을 전달하는 일이 아니면 경방자를 활용했다. 조선왕조는 건국 초부터 역참을 정비해 서울에서 지방으로 이어지는 통신과 물품 수송체계를 정비해 나갔다.[47] 선조 30년(1597) 임진왜란 중에는 왜적의 정세를 신속히 파악하고 중앙의 전령을 안전하게 전달할 수 있도록 파발군의 잡역을 면해 주고 번을 교체해 쉬게 하는 등 파발제도를 정비하였다.[48] 또 인조 5년(1627) 1월에는 정묘호란이 발발하자 비변사에서 걸음이 빠른 자를 선발해 호남과 영남의 대로를 거쳐 문서를 빠르게 전달하는 보발步撥을 설치했다.[49] 보발제도는 전란 후에 폐지되지 않고 계속 시행되어

『속대전』 공전의 교로橋路조에 성문화되었다.

조문에 따르면, “서로에는 기발騎撥을 두고 남로와 북로에는 보발步撥을 둔다”고 하였는데,[50] 여기서 서로는 서울에서 의주에 이르는 대로를 말하며, 기발이 오갈 수 있도록 경기·황해·평안도에 45참을 설치해 두었다. 남로는 서울에서 동래까지의 대로로, 경기·충청·경상도로 가는 교통 요지에 35참을 설치하였고, 북로는 서울에서 함경도 경성까지로서, 경기·강원·함경도를 관통하는 요지에 59참을 설치하였다. 기발은 25-30리마다 설치된 역참의 말을 이용해 공문을 전달하는 방식이며, 보발은 사람이 직접 달려가 문서를 전송하는 방식을 말한다. 보발은 보통 한 시간에 사십 리 정도를 이동할 수 있어야 했는데,[51] 성인 한 사람이 한 시간에 십 리 정도를 갈 수 있는 점을 감안하면 일반인의 네 배 정도 빠른 이들이 보발을 수행할 수 있었던 것으로 생각된다.

조선 전기 사료가 많지 않아 경방자가 언제부터 공문 송달을 담당했는지 특정하기는 어렵지만, 16세기 일기자료에 경방자가 등장하는 것으로 보아 조선 전기 이래 공문서 전달 역을 경방자가 수행했을 것으로 생각된다. 조선 후기 숙종 대부터는 일상적인 공문(關文) 전달에 경방자를 활용하는 것이 정례화되었다. 실제로 숙종 대 공문을 하송하는 규례에, 영남과 북로는 보발로, 양서는 파발擺撥로, 강원·호서·호남은 경방자가 문서를 전달하도록 하는 내용이 포함돼 있다.[52] 숙종 7년(1681) 비변사의 보고를 살펴보면, 매년 연말 각읍에서 보낸 오가작통(호적) 등의 일을 성책하여 한성부에 전달하는 일도 감영의 영리營吏가 아닌 경방자에게 맡겨 수행토록 하였으며, 한성부에서 이를 돌려보내고 다시 수정해 바칠 때에도 고을 색리 대신 경방자를 활용하도록 했다.[53] 색리를 보낼 경우 한성부에서 뇌물을 요구하는 문제가 발생할 수 있으므로 지방관아에 직접적으로 속하지 않은 경방자를 보내 중간 수탈을 막고자 한 것이다.

영조 7년(1731)에는 도승지 박문수朴文秀의 보고로, 서울과 지방의 이속들이 뇌물로 군액을 조종하는 폐단을 없애기 위해 세초歲抄(6월, 12월 군사의 결원을 보충하던 일) 마감 절차를 변통하는 조치가 취해졌는데, 이때에도 경방자를 활용하는 방안이 언급됐다. 각 고을에서 병영·수영에 군액의 결원을 보고하고, 이어 병영·수영에서 감영에 군액의 결원을 보고하면, 감영에서는 경방자 편에 관련 자료를 부쳐 중앙에 보고하는 방식으로 개선하고자 한 것이다. 당시 발의는 박문수가 했지만, 우의정 조문명趙文命이나 좌의정 이집李㙫 역시 경방자를 보낼 경우 색리에게 뇌물을 요구하는 폐단을 막을 수 있다는 점에서 이 안을 찬성하였고 국왕도 결국 이를 시행토록 했다.[54] 또한 아래 전라 감사 박우원의 장계에서 보듯이 18세기 이후로 감영에서 행정 보고를 올릴 때에도 파발보다 경방자나 역졸이 선호되었다.

> 전라 감사 박우원의 장계에, "본도의 사례로 말하더라도 장계는 혹 경방자京房子를 쓰거나 혹 역의 주졸走卒을 써서 사람이 전담해 직접 올리므로 파발로 이어서 전달하는 것과는 차이가 있으니 전달해 부치는 조항을 새로 만들어 행하기 어려운 점이 있습니다" 하였다.[55]

이처럼 경방자는 조선 후기 파발, 보발과 같은 역참제를 보완하고, 중앙-지방 간 문서 행정을 원활히 하는 데 없어서는 안 될 존재로 그 역할이 확대되었다. 지방관과 향리들은 경방자가 전해 주는 공문 외에 조보朝報(승정원에서 조정의 소식을 정리한 관보의 일종)를 받아 지방행정에 활용했는데, 단편적인 사례이기는 하지만, 경종 3년(1723)에는 경기 감사의 순행 중 경방자가 감사가 머무는 역에까지 조보를 들고 와 영리營吏(감영의 서리)들이 역에서 조보를 베껴 쓰기도 했다.[56]

이 외에도 경방자는 위급 시 긴급한 행정명령을 지방에 전달하기 위해 특별히 선발됐는데,[57] 무신란이 일어난 영조 4년(1728) 당시 전라 감사에게 계엄유지를 전달하는 역할을 맡은 것도 경방자들이었다. 영조는 무신란 진압 후 진상조사 과정에서, 전라 감사에게 보낸 계엄유지戒嚴有旨가 역적 토벌 후 뒤늦게 전달된 사실을 알고, 전달 책임을 맡은 무주 경주인 강필주와 옥과의 경방자 채시정을 잡아다 처벌하도록 지시했다.[58] 비록 강필주, 채시정은 직무 태만으로 처벌됐지만, 무신란 당시 역적의 정세를 보고하고 전령을 내려보내는 데 경방자의 역할이 컸던 것만은 분명해 보인다. 실제로 영조 29년(1753) 팔도 경주인들이 비변사에 올린 상언에는 무신란 당시 경방자들이 죽음도 개의치 않고 정부의 명령을 따랐음을 호소하는 내용이 담겨 있다.

> 각도의 경방자는 곧 보발步撥과 같아서, 설립한 본뜻은 뜻밖의 일에 부리고자 하는 데 있습니다. 무신년(1728)으로 말하자면, 갑자기 혼란스럽고 어수선한 일을 당해 죽음도 개의치 않고 막중하고 시급한 명령을 거행했습니다. 처음에는 경방자가 [도성의] 10리 밖으로 나가지 말도록 하는 절목을 명하셨기 때문에 일찍이 명을 받는 일이 없었습니다. 그런데 근래 명받는 일이 심해져서, 경방자를 빌려 가 2-3일의 장거리에 파견하는가 하면, 오랫동안 심부름꾼으로 부리거나 집을 짓고 담을 쌓게 하므로, 지탱하여 감당함을 견디기 어렵습

니다. 사목에 따라 엄금하여 주시기 바랍니다.[59]

상언의 요지는, 경주인가에서 생활하며 각도 업무를 보는 경방자들이 '보발'과 같은 역을 지고 있고 무신란 당시 죽음을 무릅쓰고 명령을 수행하기까지 했는데, 근래 양반관료들의 사적인 명령이 많아져 공무 외의 잡다한 역을 감당하기 어렵다는 것이다. 구체적인 내용을 살펴보면, 무신란 후 경방자를 도성 10리 밖으로 나가 있지 못하도록 절목을 만들어 두었는데, 사가私家에서 경방자를 불러다 멀리 심부름 보내거나 집수리 등에 동원해 공무를 수행할 수 없다고 하는 하소연이 담겨 있다. 이에 대해 비변사의 처리문(題辭)에서도, 경방자는 보발과 같아 급한 소식을 감영에 전해야 하기 때문에 10리 밖으로 나가지 못하도록 한 점을 분명히 하면서 사대부가에서 경방자를 빌리는 일을 엄금하고, 관계된 관원과 양반관료들을 처벌하도록 했다.

파발擺撥, 보발步撥의 경우 중앙의 관제하에 편입된 직역자들인 데 반해, 경방자는 조선 전기에는 지방에서 차출한 역인들이었으나 점차 삯을 주고 고용하는 일꾼으로 성격이 변화되었기 때문에 양반관료들이 경주인집의 경방자들을 하인 부리듯이 하는 경우가 많았다. 이에 경방자들은 대동법 시행 이후 별도의 계契를 창설해 선혜청으로부터 역가를 지급받고 독자적으로 역을 수행하기도 했다.[60] 방자계에 대한 자료가 많지 않아 이들이 경주인가에서 독립해 나온 자들인지는 분명치 않지만, 적어도 선혜청으로부터 역가를 지급받는 방자계들이 조선 후기에 존재했던 것으로 생각된다.

한편 경방자는 중앙의 공문과 조보를 지방에 전달하는 과정에서 양반관료들의 사적인 소식과 정보를 전해 주는 역할도 겸하였다. 16세기 호남 출신의 유학자 유희춘柳希春 역시 전라도 각읍 경주인, 경방자들과 일정한 관계를 맺으며, 서울과 지방의 소식을 전해 들었다. 『미암일기』에는 그가 전라도 관찰사로 있다가 상경하자 호남 여러 고을 경주인과 경방자가 한강 변에 마중 나와 일제히 인사하기에, 해남의 경방자에게 담양에 있는 부인과 윤첨지에게 편지를 부쳤다는 기록이 보이는데, 이를 통해 재경 관인과 경주인·경방자의 관계를 짐작할 수 있다.[61]

특히 연락 업무를 맡은 경방자들은 정치적 사건에 연루되기도 했는데, 명종 2년(1547) 전 온양 군수 신건이 올린 상서로 인해 구례 현감 양윤온이 을사사화의 잔당으로 지목되어 구례 경주인과 경방자가 심문을 받게 된 일이 있었다. 내용인즉, 구례 현감 양윤온은 역적 윤임과 혼인한 사돈 집안으로서, 인종이 승하한 뒤 감사에게 휴가를 얻어 계림군, 윤임 등과 모의하였고, 윤임이 사사된 뒤에는 지리산에 숨어들어 화를 피하였다가 구례 현감에 부임하였으므로, 양윤온을 대역죄로 처벌해야 한다는 것이었다. 이에 명종은 양윤온이 서울을 오갈 때 데리고 다니던 하인들을 통해 그가 서울에 온 이유를 심문하도록 했고, 구례 경주인 문창과 경방자 한영 역시 조사 대상이 된 것이다.[62] 지방수령이 서울에 올라와 재경 관인들을 만나고, 지방에 전갈을 넣거나 숙식에 도움을 받을 수 있는 대상이 경주인이었기 때문에, 경주인과 경방자가 양윤온의 행보를 잘 알 것이라고 판단한 것이다.

한편 경방자들은 경외 관료의 문서 혹은 편지를 전달하는 과정에서 그가 직접 보고 들은 정보를 수신자, 발신자에게 구두로 전달하기도 했다. 권상일의 『청대일기』를 보면, 영조 22년(1746) 도목정에서 그가 67세의 나이에 공홍도 도사의 수망에 낙점을 받았다는 소식을 듣게 되는데, 이를 전달해 준 이도 공홍도의 경방자였다. 당시 권상일은 경방자의 말을 듣고, 이조에서 자신이 나이가 많고 병이 깊은 것을 모르는 데다가 각도 도사가 대부분 교체되어 선발이 용이하였기 때문에 자신을 낙점하였다 생각하고, 곧바로 이조에 소지所志를 올려 무마하고자 했다.[63] 공홍도의 경방자가 권상일이 사는 상주까지 오게 된 연유는 공홍도 감영의 업무와 연계된 연락사무 때문이었을 것으로 추측되나, 경방자는 이와 관계없는 인사정보를 상주에 가는 길에 권상일에 전해 주었던 것이다. 권상일은 당해 10월 상경길에 광주廣州 경안역에서 점심을 먹다가 경상감영으로 내려가는 경방자를 만나 세자시강원의 조보와 정사政事를 비롯한 문서를 건네받기도 했다.[64]

지금까지 기존에 잘 알려지지 않은 경방자의 공적, 사적 업무에 대해 살펴보았다. 경방자는 경주인집에서 생활하며 중앙과 지방에 공문서나 조보朝報를 전달하고, 지방에 왕래하면서 부수적으로 지방관과 재지 양반들에게 서울 소식과 조보 및 집안 편지를 전달하는 역할을 맡았다.[65] 이 과정에서 경주인과 마찬가지로 중앙의 양반관료들이 요구하는 과외의 역을 수행해야 하는 곤란을 겪었다. 이러한 경방자의 공식 비공식 업무는 갑오개혁기 근대식 우편제도가 모색되면서 역사 속으로 사라지게 되었다.

법도 지켜 주기 힘든 부세대납 업무와 과외의 역

부세 대납 업무는 경주인에게 부담이 가장 큰 비공식 업무이면서, 잘만 관리하면 경주인에게 큰 수익을 안겨 줄 수 있는 일이었다. 경주인은 지방에서 올라오는 부세를 기한에 맞춰 안

전하게 상납하도록 지방의 색리·공리(부세 상납을 책임지는 지방 향리의 일종)를 독촉하는 한편, 만약 이들이 부세를 제때 바치지 못할 경우 대납하는 책임까지 맡았다. 부세를 대신 납부하는 대가로 그보다 많은 액수를 지방에 요구하여 차액을 남김으로써 이들은 관의 부세 대납 요구를 감당하고 있었던 것이다. 그런데 부세 대납 업무는 세곡에 그치지 않고 역을 차출하거나 역에 대신하는 번포를 징수하는 일까지도 포함되었다. 아래의 기사를 살펴보자.

> 영락 10년(1412) 의정부에서 말한 것인데, … 여러 관서의 아전이나 사령, 노비들 중에 휴가를 얻어 고향에 내려간 자가 곧 상경하지 못하게 되면, 서울에 사는 경주인京主人에게 독촉하는데, 때로는 날수를 계산하여 속전贖錢을 물리게 하고, 다른 데서 꾸어 주고는 나중에 갑절씩 받아들이니, 그 때문에 살림과 식량이 모두 없어지게 되어, 그 폐단이 심히 크다. 금후로는 휴가를 받은 사람이 기간 내에 상경하지 못하게 되면, 그 도에다 공문을 보내어 독촉할 것이며, 그가 상경하기를 기다려 죄로 논할 것이라 하였다.[66]

위의 기사는 세종 2년(1420) 당시, 원·속육전에 실린 왕지王旨와 각사의 수판受判이 관료들 사이에 잘 지켜지지 않자 시행 조건을 다시 정리한 내용이다. 이 중 경주인에 대한 내용도 포함되어 있는데, 태종 대부터 중앙 각사의 하급 아전, 사령, 노비 등이 일정 기간 휴가를 얻고 내려간 후 정해진 날에 돌아오지 않아 관서 행정이 빌 경우, 경주인에게 독촉하고 심지어 날수를 계산해 속전贖錢(일종의 벌금)까지 물리는 폐단이 거론되고 있다. 정부에서는 이에 대한 조치로 기일 내에 상경하지 않은 관원을 논죄하도록 했으나, 경주인의 침탈을 직접적으로 처벌한 것이 아니기에 확실한 예방책이 되기는 어려웠다. 이에 중앙정부는 『경국대전』 반포 이후 경주인 관련 법률 조항을 꾸준히 개선해 나갔다.

조선시대 경주인에 관한 법령 조항은 이들의 부세 대납 업무와 관련된 경우가 많은데, 하나는 경주인의 부세 침탈을 처벌하는 것이고, 다른 하나는 경주인에 대한 불법 침탈을 단속하는 것이었다. 이는 경주인이 부세행정에서 불법 침탈의 주범이자 수탈의 대상이 되는, 양면성을 지닌 존재였음을 시사한다. 【표 5】를 살펴보면 실제로 조선시대 법전에 경주인에 대한 두 가지 요소를 모두 고려한 조항이 실려 있는 것을 알 수 있다.

법령을 살펴보면, 경주인은 조선 전기 이래 지방의 부세 상

출전	법령 조항	핵심내용
『경국대전』 (1484) 권2, 호전 잡령조	• 각 고을에서는 공물을 주관하는 아전으로 식견이 있는 사람을 선정하여 조세와 공물의 수량, 수납처인 관청 이름, 출발 날짜와 시간, 공물을 주관하는 아전의 성명을 명세서에 기록하여 본조에 제출하게 하면, 본조에서는 노정의 거리를 따져 보고 기한 내에 올라오지 못한 자에 대해서는 죄를 따진다. 각 관청에 진성(陳省: 지방 고을에서 상납하는 부세 명목을 적은 문서)이 도착한 후 몰래 경주인과 공모해 장사하여 이득을 남기면 즉시 납부하지 않는 자는 법조문에 따라 엄중히 죄를 따지고 그 공물은 경주인과 함께 변상하게 한다.	경주인의 부세 지연 및 모리 행위 처벌 대상: 경주인
『대전후속록』 (1542) 권2, 호전 잡령조	• 정부관서의 관원들이 서리와 두목, 그리고 경주인에게 선상노비 수를 더 채우게 하는 것은 (추가로 바치도록 하는) 선상노비 수와 가포(價布)의 많고 적음을 물론하고 담당 관원을 파출한다.	경주인에게 선상노비입역, 가포대납 요구 처벌 대상: 정부 관원
『신보수교집록』 (1704) 형전, 금제	• 뇌물을 받은 서리는 장물을 헤아려 논죄한다. 제반 신역을 경주인에게 대신 징수하는 폐단을 금단한다.	경주인에게 신역 대신 징수 금단 대상: 정부 관원
『신보수교집록』 (1727) 호전, 호적조	• 장책을 올려보낼 때 끈으로 묶고 단단히 싸서 올리되 감관과 색리를 정해 이들의 인솔하여 바치게 한다. 경주인과 무뢰배들에게 막중한 국가의 서적을 올려보내도록 하는데, 이들이 상경한 후 상납을 완료하지 않고 사가에 보관해 두었다가 화재로 잃게 되는 폐단이 있었다. 혹 전과 같은 일이 있으면 해당 감관과 색리는 죄를 묻고 정배할 것이며 수령은 파출하도록 하라.	경주인과 무뢰배들에게 국가의 장책 상납을 위탁하는 일을 금지 대상: 지방 관원
『속대전』 (1746) 권2, 호전 잡령조	• 외공 상납 시 각사사주인과 본관 경주인 중에서 공리를 침탈해 폐단을 일으키는 자들은 장 백 대를 치고, 더 심한 자들은 장 백 대와 금고(禁錮: 감옥에 가두는 형벌) 3년을 내린다.	경주인의 공리 침탈 처벌 대상: 각사사주인·경주인
권5, 형전 잡령조	• 각 고을에서 신역으로 바칠 돈과 베를 경주인에게 대신 징수하지 못하도록 한다.	경주인에게 부세 대납 요구 금지 대상: 정부 관원
『대전통편』 (1785) 권5, 형전 잡령조	유생이 소청(疏廳: 유생들이 상소를 작성하기 위해 임시로 설치한 집)을 빙자하여 지방 고을에 비용을 청구할 때 먼저 경주인[邸人]에게서 돈을 징수하는 것도 역시 금단한다.	경주인에게 소청 비용 징수 금지 대상: 유생

표 5 경주인 관련 법전 조항

납을 책임지는 색리·공리들과 짜고 납기일을 일부러 지연시켜 세곡을 밑천으로 장사하는 자들로 인식되고 있었으며, 『경국대전』에는 이러한 경주인을 단속하는 조항이 수록되었다. 그런데 중기 이후로는 경주인들이 정부 관원과 고을 수령들로부터 무리하게 부세 책임을 떠안거나, 고을 유생들이 상소를 작성할 때 경주인에게 소청疏請 비용을 물리고 갚지 않는 문제들을 금단하는 조치가 추가되었다.

우선 『대전후속록』에서는 정부관서의 관원들이 선상노비選上奴婢(중앙관서의 각종 역을 위해 지방에서 차출한 노비)를 인솔해 오는 각읍의 서리와 두목, 그리고 경주인에게 그 수를 더 채우게 하거나, 가포價布(면역의 대가로 바치는 베)를 바치게 하는 폐단을 금지시켰다. 『속대전』이 편찬되기 전 국왕이 내린 명령을 정식 법령집으로 간행한 『신보수교집록』에도 정부관서에서 경주인에게 제반 신역을 대신 부과하지 못하게 하는 한편, 국가의 중요 서적을 경주인에게 상납시키지 않도록 하는 조항 등이 포함되었다. 이어 『속대전』의 잡령조에도 각 고을에서 신역으로 바칠 돈과 베를 경주인에게 대신 징수하지 못하게 했으며, 특히 『대전통편』에서는 유생들이 소청 비용을 마련하고자 할 때 서울의 경주인에게 부과하는 행위도 금지시켰다. 이처럼 경주인이 부세 상납 및 관료제 운영 과정에서 양반관료와 사족, 유생들의 수탈 대상이 되고 있는 상황을 단속하는 조항이 조선 후기 법령에 수록되었다.

이 밖에도 조선 후기 비변사에서 작성한 「공시인폐막별단貢市人弊瘼別單」에 경주인의 침탈을 금지시키는 조치가 독립 조항으로 포함되었다. 「공시인폐막별단」은 대동법 시행 이후 공인과 시전민들의 고충을 개선해 주고자 비변사에서 시정 조치 사항을 정리해 놓은 문서이다. 영조 대 이후로 「공시인폐막별단」이 수차례 작성되었는데, 본고에서는 영조 17년(1741)에 작성된 「공시인폐막별단」을 중심으로 경주인 관련 금단사항, 신칙사항, 폐지사항을 살펴보기로 하겠다.[67] 【표 6】은 이에 관한 내용을 정리한 것이다.

별단이 작성되기 전, 전라도 계수주인, 경주인과 경상도 경주인, 공홍도 경주인, 경기 경주인 등이 각도를 대표하여 각읍 경주인이 겪고 있는 폐단을 비변사에 상언하였고 이를 바탕으로 비변사에서는 금단사항, 신칙사항, 폐지사항으로 나누어 각 상언에 대한 개선안을 별단으로 작성하였다. 우선 금단사항을 살펴보면, 각 고을에서 부세와 구청물자가 올라오기 전에 정부관서에서 경주인에게 대납시키는 행위, 수령의 일가라 칭하고 예목과 혼례·상례 비용을 갈취하는 행위, 사적인 편지를 사람을 사서 부치고 비용을 경주인에게 청구하는 행위 등을 포함시켜

성격	세부 조항	대상
금단 사항 [禁斷秩]	서울로 상납할 물건이 올라오기 전에는 경주인을 침범하지 못한다.	전라도 계수주인, 경주인 등
	정부관서에 상납하는 부세를 경주인에게 대신 바치게 함으로써 이들의 가산이 탕진되게 하는 일을 금단한다. 각 군문의 군포차원(軍布差員)이 미처 받아 오지 못한 채 서울로 올라온 후 경주인에게 바치라고 독촉하니 이를 견디기가 어려우므로 사목에 의거하여 군포차원이 받아 오게 한다.	경상도 경주인 등
	정부관서에서 각읍의 신포(身布)를 물리치고, 경주인에게 대신 마련하도록 강제하지 못한다. 수령의 일가라 칭하고서 예목(禮木) 및 혼상(婚喪)에 필요한 돈을 요구하지 못한다. 사가(私家)의 편지를 사람을 부려 전송하는 일은 감당하기 어려우니 금단한다.	공홍도 경주인 등
	정부관서에서 퇴짜 놓은 무명은 해당 고을로 다시 보내 고쳐 마련하게 하여 경주인을 침범치 못한다. 본 고을의 친지라 칭하고 경주인에게 돈을 징수하는 폐단과 여러 관서에서 구청(求請)한 것이 고을에서 올라오기도 전에 경주인에게 강제로 징수하는 폐단을 각별히 금한다.	전라도 계수주인, 경주인 등
신칙 사항 [申飭秩]	각 고을에서 신임 수령을 맞이할 때 각처의 예목(禮木)과 본 고을에 내리는 첩문(帖文)이 지연되어 도착하지 않거나, 하인을 통해 경주인에게 대여해 간 물건을 본 고을에서 회수해 주지 않는 일을 신칙한다.	전라도 계수주인, 경주인 등
	각읍의 하인에게 숙식 또는 식량을 제공하거나 부세를 상납할 때 모자라는 것을 경주인에게 빌린 뒤 갚지 않은 일에 대해 신칙한다.	공홍도 경주인
폐지 사항 [勿施秩]	타도의 예에 따라 경주인·영주인의 역가를 변통하는 일은 시행하지 못하도록 한다.	경기 경주인
	경주인 및 방자가 감사 및 도사의 명에 따라 심부름하는 역[使喚]에 나아가는 일은 시행하지 못하게 한다.	전라도 계수주인, 경주인

표 6 「공시인폐막별단」 내 경주인 관련 조항

놓았다.

신칙사항에서는 각처의 예목禮木과 본관에 내리는 첩문이 지연되거나 아예 발급되지 않는 일에 대해 경주인에게 경고하는 한편, 수령의 하인이 대여해 간 것을 경주인에게 돌려주지 않는 일에 대해서도 관에 경고 조치를 내렸다. 또 신임 수령이 입고 갈 의복과 신발 등, 수령의 하인들이 경주인집에 대여해 간 비용을 본읍에서 지급하지 않는 문제에 대해서도 엄중히 신칙하였다. 이 밖에 각읍의 하인 등에게 숙식 또는 식량을 제공하거나 상납 시 모자라는 것을 경주인에게 빌려 간 뒤 갚지 않는 행위에 대해서는 단속 조치가 추가되었다.

마지막으로 폐지사항에서는 타도의 예에 따라 경주인과 영주인의 역가를 변통하지 않도록 하는 일과 감사·도사의 사환역(심부름)에 경주인과 경방자를 동원하지 않도록 하는 조항이 포함되었다. 이처럼 「공시인폐막별단」에는 공인, 시전상인과 같은 조달상인의 고충처리뿐 아니라 경주인과 경방자에 대한 침탈을 개선하는 내용도 다수 수록되었다.

물론 법령 조항과 별단의 조치에서처럼 경주인이 지방관과 정부 관원에게 침탈만 당했던 것은 아니다. 다음의 기사는 앞절에서 언급한 남원 현감이 자신을 기만한 경주인에게 패자牌子(상위기관 또는 윗사람이 아랫사람에게 내리는 지시문서)를 보내는 내용을 담고 있다.

그대(경주인)의 고목告目에, "본읍의 살옥 죄인 김환동金桓同을 추고하는 일입니다. 색리의 속전贖錢[벌금]을 두 차례 합하여 14냥을 사헌부에 바치라고 합니다. 수량대로 올려보내 주소서"라고 하였다. 그런데 조정에서 각읍에 논책할 경우, 해당 관원을 죄주면 색리를 논책하지 않는 것이 법례法例이므로 관원, 색리를 모두 논책할 일이 없는 듯하다. 또 본현[남원현]의 추고등록을 살펴보니 과거에 관원과 색리가 함께 진상하는 일을 지연시켜 똑같이 속전贖錢을 바쳤었지만, 지금 관원과 색리를 함께 추고하는 일에 있어서는 형조의 공문상에 관원만 논책하고 색리는 논책하지 않았다. … 그대의 고목이 참으로 터무니가 없다. 사리가 위와 같으니, 법부法府에서 법 밖의 일로 경주인을 옥에 가두고 공연히 속전을 거두는 일이 전혀 없을 것이다. 이는 그대가 중간에서 조종하여 농간을 부린 데 지나지 않는다. 뒷날 내려올 때 마땅히 별도 조사하여 다스릴 계획이다. 이런 등의 이치에 벗어난 일은 다시 번거롭게 고하여 죄 위에 죄를 더하지 않게 하는 것이 마땅하다.[68]

남원 현감이 경주인에게 보낸 패자는 공사 간에 두루 쓰이던 문서 형태로, 관의 공적 지시 사항뿐 아니라 양반 사족이나 궁가, 서원 등의 사적인 업무 지시 사항을 처리하기 위한 목적으로도 작성되었다. 다만, 위의 패자는 경주인에게 지시를 내린다기보다는, 경주인이 보낸 고목 내용이 사실과 맞지 않음을 지적하고 경주인이 속전을 거두기 위해 농간을 부린 데 대해 엄중 경고하는 내용을 담고 있다.

위의 패자는 영조 12년(1736) 남원 경주인이 본읍에서 발생한 살인사건의 처리 과정을 보고하기 위해 남원 현감에게 올린 고목에 대해 답변한 것이다. 고목에 따르면, 사헌부에서 살인사건의 피의자인 김환동을 추고하고, 남원의 수령과 색리에게 책임을 묻는 속전 14냥을 바치도록 요구하니 보내 달라는 것이다. 이에 대해 남원 현감은 수령과 색리를 동시에 논책하는 사례가 이전에는 없었고, 이번 사안도 수령만 논책하고, 색리는 논책하지 않았으니 색리의 속전을 바칠 이유가 없다는 점을 지적했다. 남원 현감은 색리의 속전을 바치도록 한 것이 사헌부의 뜻이 아니라, 경주인이 중간에서 속전을 챙기기 위해 농간을 부린 것으로 보고, 경주인이 내려올 때 별도 조사해 죄를 물을 것이라고 경고했다. 당시 남원현의 경주인은 2년 전 형조의 노비 공목 상납을 남원 현감에게 재촉했던 김차건일 가능성이 높다

(【표 4 참조】). 남원 경주인은 정부관서의 노비공 수취와 속전 징수 관행을 이용해 해당 고을에 중앙의 징세 요구 상황을 거짓으로 전달하고 이익을 얻고자 했던 것이다.

그러나 남원 현감과 경주인은 어디까지나 상하 예속 관계에 있었기 때문에, 경주인은 모리 행위가 발각될 경우 위의 사료에서처럼 처벌을 받을 수밖에 없었다. 반대로 수령이나 중앙관료가 경주인을 침탈할 경우 법령 조항이 계속 정비되기는 했지만, 이들의 처벌까지 이끌어 내기란 쉽지 않았다.

일례로 영조 14년(1738) 임천 경주인이 임천 군수에게 올린 고목에는 병조에 납부할 9월분 기병 번포番布(번을 대신해 바치는 베)와 10월분 금군 보인 번포, 교서관에 납부할 창준 번포와 선공감에 납부할 장인匠人 번포 등이 기한이 지나도록 납부되지 않아 해당 관서에서 자신(경주인)의 정처正妻(아내)를 가두고 치죄하면서 하루에 세 번씩 독촉한다는 하소연이 담겨 있다. 당시 임천 군수는 중앙에 상납할 번포를 받아 두고 감영의 지시를 기다리는 중이었다. 그런데, 서울에서 밤새 달려온 심부름꾼으로부터 별안간 경주인의 소식을 듣고 급히 감영에 이러한 상황을 알리고 감사가 중앙에 공문을 보내 이 상황을 조정해 주기를 요청하였다. 감사는 수령에게 중앙에 군포 상납 기한을 연기해 줄 것을 요청하는 장계를 올렸으나 처분이 어떻게 내려질지 모르겠다 답변만 내렸다.[69] 이처럼 임천 경주인이 불법 침탈을 당하는 상황에서 임천 군수는 중앙관서에 직접 항의하지 못하고 감사의 조정과 처분을 기다릴 수밖에 없었다.

반면 부세 상납에 있어서 중간 부정을 저지른 경주인은 범행이 발각되면 곧바로 처벌되어 전옥서典獄署(조선시대 감옥)에 수감되었다. 영조 즉위년(1724) 국왕의 명에 따라 전옥서에 수감된 94명의 죄수 중 경죄인 19명을 겨울 추위를 감안해 석방하는 일이 있었는데, 구청전求請錢(물품 구입을 위해 마련한 돈)을 중간에 훔쳐 먹은 부안 경주인 박정선도 19명에 포함되어 있었다.[70] 이듬해인 영조 1년(1725)에도 전옥서의 죄인 100명 중 경죄인 23명을 같은 이유로 석방할 때에도, 도감에서 쓰는 석회를 중간에 숨겨두고 바치지 않은 아산 경주인 승덕성과 공문서 전달 후 상황을 제대로 보고하지 않은 안동 경주인 개동이 포함되었다.[71] 당시 이들은 경범죄인으로 분류돼 풀려나기는 했지만, 2년 사이 계속 감옥에 갇혔다 풀려나는 것으로 보아 경주인들이 정부관서의 고발로 빈번히 처벌받고 있었음을 짐작할 수 있다.

더욱이 앞서 살펴본 금령의 제정에도 불구하고 19세기까지 경주인에 대한 과외의 역은 크게 해소되지 않았는데, 순조 11년(1811) 김시근이 보고한 「공시인순막」을 살펴보면, 경주인의 폐단이 세 가지로 언급되고 있다. 첫째는 정부관서에서 경주인에게 혼수·상례 비용을 억지로 바치게 하고는 이에 응하지 않으면 곤장을 치고 가두는 것이며, 둘째는 소청疏廳 시 필요한 물품을 수령뿐만이 아니라 본읍의 향교, 서원에서 모두 사적으로 편지를 써 경주인에게 요구하는데 경주인이 이를 바치고 본읍에 내려가 상환받고자 하면 십중팔구 받지 못하고 손해를 보게 된다는 것이다. 셋째, 정부관서에 각종 부세가 다 올라오기도 전에 경주인에게 미리 거두는데, 정작 경주인은 대납한 부세와 부비浮費(경비)를 해당 고을에서 받지 못하는 경우가 많기 때문에 이것이 그대로 경주인의 구채舊債가 된다는 것이다.[72] 이처럼 순조 11년(1811) 중앙에 보고된 저폐邸弊(저리의 폐단)는 저리, 즉 경주인이 일으킨 폐단이 아니라, 경주인에게 가해지는 폐단이었으며, 그에 대한 처리 내용은 앞서 영조 대 작성됐던 「공시인폐막별단」의 내용과 별반 다르지 않았다.

특이한 점은 경주인들이 이처럼 양반사족의 물품 요구와 정부관서의 부세 대납 요구에 시달리는 상황이었음에도 불구하고, 18세기 이후에도 경주인권이 비싼 값에 거래되었다는 점이다. 애초에 경주인은 서울에 거주하며 중앙과 지방의 연락사무를 담당하던 향리들이었기에 조선 후기 들어 경주인권을 사고판다는 의미는, 경주인이 향역鄕役의 성격을 벗어나게 되는 것을 의미했다.

다음 장에서는 조선 후기 경주인의 성격이 어떻게 변화하게 되었는지 경주인의 역가役價(역을 지는 대가)를 중심으로 살펴보기로 하겠다.

3

하급관료보다 많은 경주인 월급, 어떻게 마련됐을까?

경주인의 역할은 조선 전기 이래 크게 변하지 않았지만, 경주인의 성격과 이들의 경제기반은 17세기 이후 크게 변화하였다. 이에 대해서는 인조 3년(1625) 기사에서 중요한 단초를 발견할 수 있다.

> 평안도는 경주인京主人·방자房子·경비京婢 등을 모두 서울에 두어서 집을 짓고 살게 합니다. 그래서 서울에 오는 관리와 백성들이 모두들 그곳에 묵으며, 군문·아문의 크고 작은 공무 또한 모두 이곳을 통하여 오고 가는 것이 관례입니다. 그런데 전란을 겪은 뒤로는 공무가 모두 파발로 오가고 경주인의 역을 비변사 하인들이

대신 하도록 했는데, 종친부·충훈부·홍문관 등 상사上司에서 [지방에] 보내는 문서가 있으면 매우 심하게 책임지우곤 합니다. 그리하여 경주인역을 대신하는 자에게 1년 동안 지급하는 값이 거의 2동同[100필]에 이르는데, 각 고을에서는 이것을 어쩔 수 없이 백성의 토지에 부과하여 지급하고 있습니다. 경주인 등 3명[의 역]을 완전히 폐지할 수는 없다 하더라도 형식을 보존할 수 있도록 1명만 정하고 나머지는 모두 혁파했다가 형편이 안정된 뒤 옛 제도를 복구해 시행하는 것이 어떻겠습니까?"[73]

위의 기사는 장만張晩(1566-1629)이 모문룡의 군대에 지급할 당량唐糧(조선에 주둔한 중국 군인들에게 제공하던 군량미)[74]을 마련하고 중국사신(天使)의 방문에 따른 준비 상황을 국왕에게 보고하면서 언급한 내용이다. 인용문에 따르면, 평안도의 여러 고을은 본래 경주인·방자·경비를 모두 서울에 상주시켜 도성을 방문하는 관리와 백성들을 경주인집에 묵게 하고 중앙의 군문과 행정관서의 대소 업무를 경주인을 통해 처리하고 있었다. 문제는 임진왜란 이후 비변사 하인들에게 경주인역을 지우고, 무명 2동同(100필, 1동=50필) 가량을 평안 도민의 토지(民結)에서 추가로 거두어 급료를 지급하고 있다는 것이다.

물론 당시 각읍 경주인이 한꺼번에 서울 주민으로 전환된 것은 아니지만, 대동법 시행을 계기로 경주인 역가가 대동세 내에 책정되고, 한편으로 경주인권이 시중에 거래되면서 지방에 연고를 두었던 경주인이 서울 주민으로 점차 전환되어 갔으리라 짐작된다.

그러면 경주인에게 역가를 지급하게 된 배경은 무엇일까?

첫째, 조선 중기 이래 군역과 요역을 징발하던 방식에 큰 변화가 나타난 점을 들 수 있다. 16세기 이후 양인 장정이 직접 군역을 지지 않고 포를 납부하는 수포제收布制가 일반화되었고, 요역 또한 고을 연군烟軍(일반 민호에서 요역에 차출한 군인)들이 역을 피해 도망하는 사례가 늘자, 고을 민호나 토지에 가포價布를 부과해서 이를 가지고 서울에서 역꾼을 모집하는 형태로 전환되었다.[75] 이에 경주인과 경방자, 경비도 중앙에서 고립雇立(삯을 주고 역을 대신 세우는 일)하는 관행이 확대된 것이다.

둘째, 대동법 시행을 계기로 이러한 고립가를 대동미 내에서 지급하게 된 점을 들 수 있다. 대동법은 애초에 백성들에게 부과된 역(民役)을 고르게 하기 위해 발의된 법이었다. 광해군 즉위년(1608)에 시행된 경기선혜법만 보더라도 광해군 대 초반 경기민들에게 집중되어 있던 산릉山陵(왕릉)역과 사신 접대역을 온전히 수행하 수 있도록 공물 상납의 부담을 줄여 준 조치였다.[76] 인조의 경우에도 반정 직후 삼도대동법을 시행해 현물 공납과 요역의 폐단을 적극적으로 개선해 주고자 했다. 비록 삼도대동법은 시행된 지 얼마 되지 않아 폐지되었지만, 인조 대 말엽부터는 토지에 추가로 거두는 조예가미皂隷價米(서울 하례들의 급료 지급을 위한 특별세)와 오결수포五結收布(정규세 외에 추가경비를 마련하기 위해 거두는 토지세) 등이 폐지되어 추가징수의 관행이 크게 개선되었다.[77]

효종 2년(1651) 호서대동법이 시행되면서부터는 도, 군현의 경상비도 대동세 내에 포함되었으며, 부세 운송을 비롯한 각종 역가도 대동세 내에 포함되기에 이르렀다. 이때 경주인의 역가도 대동상납미에서 지출하는 규정이 마련되었다.[78] 대동법이 각 도에 확대 시행되면서 급료성 경비를 대동세로 지급하는 '예산원칙'이 마련된 것이다. 실제로 『충청도대동사목』 8조에 따르면, 28개 관서의 원공물 외에도 경주인과 방자를 고립하는 값을 대동상납미에서 지급하도록 명시해 놓았으며,[79] 사목 30조에는 이들의 역가를 대동세 내에 책정해 놓은 배경에 대해 구체적으로 설명해 놓았다. 아래 기사를 살펴보자.

도내에서 관속의 수가 적은 읍은 경주인, 방자를 고립

하는 값을 힘없고 가난한 관속에게 전적으로 책임 지울 수 없어서 백성의 토지에 [별도로] 부과하는 관행을 면하지 못하고 있으니 이는 감당하기 어려운 큰 폐단이다. 경주인, 방자 등은 본청[선혜청]에서 값을 주고 고립하되, 1명당 쌀 15섬을 지급하여 1년 동안 입역하는 비용으로 삼는다. 중국 사신이 올 때 [영접]도감에서 거두는 경비, 방자의 급료는 본청에서 직접 [도감에] 옮겨 보내서, 각읍에서 직접 수취하지 말도록 한다.[80]

애초에 경주인과 경방자는 각읍의 관속 중에서 차출했으나, 조선 후기 들어 이들이 직접 역을 지지 않고 서울 사람을 대신 세워 급여를 지급하는 방식으로 변화되었다. 그런데 힘없고 가난한 고을 관속에게 경주인의 역가를 징수할 수 없어 고을 백성의 토지에 부과했는데, 대동법이 시행되면서 이 역시 대동미로 지급하게 한 것이다. 사목에는 경주인과 방자의 고립가를 1명당 쌀 15섬으로 책정해 놓았는데,[81] 이는 한 달에 약 19말, 하루에는 약 6되 3홉에 해당하는 양으로 당대 관료들의 녹봉에 비할 때에도 적은 금액이 아니었다.

인조 25년(1647) 정1품의 1년 녹봉 총액은 쌀 44섬, 좁쌀 8섬, 누런 콩(黃豆) 16섬이었으며, 『속대전』에는 쌀 30섬 6말, 황두

16섬으로 액수가 크게 줄었다. 반면 종9품은 인조 25년(1647)과 『속대전』상의 녹봉이 모두 쌀 8섬, 황두 4섬이었다. 대동사목에 책정된 경주인 1년 역가가 쌀 15-22섬이었던 점을 고려하면 경주인 역가는 종9품보다 많은 액수였음을 알 수 있다.[82]

경비, 방자의 경우 중국 사신이 올 때마다 이들을 수발들도록 하기 위해 지방에서 차출했는데, 이들의 역가도 선혜청에서 영접도감迎接都監(중국 사신을 접대하기 위해 설치된 임시관청)에 비용을 지급하도록 했다. 다음 【표 7】은 대동법 시행 이후 도별 경주인 및 경방자 역가를 대동사목과 청사례, 『만기요람』, 『육전조례』를 중심으로 정리한 것이다.

【표 7】을 살펴보면 대동사목에 경주인, 방자의 고립가가 충청도 15섬, 전라도 20섬, 경상도 22섬으로 확인된다. 앞서 인조 3년(1625) 평안도 경주인이 방자와 경비를 포함해 3명으로 구성되었던 점을 미루어 본다면, 17세기 초 경저京邸(서울집)에 머물던 구성원 수는 그다지 많지 않았던 것으로 짐작된다.

『만기요람』(1808)상에, 선혜청의 공물가 지급 항목(선혜청 57공) 중 삼남 경주인, 방자 고립가는 쌀로 환산하면 총 5,373섬(=26,865냥)가량에 달했다.[83] 삼남 경주인 1명당 역가를 『만기요람』상의 1명당 20섬, 23섬으로 계산하면 233-268명의 경주인에게 역가를 지급할 수 있는 금액이다. 충청도와 경상도는 대

소재지	경주인 및 경방자 역가	성격	출전
충청도	• 쌀 15섬(1명당)	대동상납미	『충청도대동사목』(1654)
	• 쌀 20섬(1명당)	대동상납미	『만기요람』(1808)
	• 쌀 1,051섬 2말 4되·대신 바치는 무명 7동 46필·대신 바치는 돈 792냥	대동상납미	『만기요람』(1808)
전라도	• 쌀 20섬(1명당)	대동상납미	『전남도대동사목』(1663)
	• 쌀 20섬(1명당) • 쌀 1,299섬 7말 2되·대신 바치는 무명 19동 30필·대신 바치는 돈 1,960냥	대동상납미	『만기요람』(1808)
경상도	• 쌀 22섬(1명당)	대동상납미	『영남대동사목』(1678)
	• 쌀 23섬(1명당) • 쌀 1,357섬 4말 9되·4홉 대신 바치는 무명 21동 42필·대신 바치는 돈 2,184냥	대동상납미	『만기요람』(1808)
	• 쌀 2,093섬(2·5·8·11월 4등 차하)	대동상납미	『영남청사례』(19세기)
황해도	• 해주·황주 쌀 50섬 • 안악·연안·봉산·신천·재령 쌀 37섬 • 백천·서흥·수안·곡산·풍천·장연(長淵)·옹진 쌀 30섬 • 평산·금천·송화·문화·은율·신계·장연(長連)·토산·강령 25섬 ※ 각읍의 윤달 역가 별도 책정	상정미	『해서상정절목』(1755)
	• 720섬[월과(月課) 시 경주인 역가(役價)]	상정미	『해서청사례』(19세기)
강원도	(경주인 역가) • 쌀 115섬(10섬은 유곡둔에서 징수) • 좁쌀[田米] 350섬(110섬 민호에 징수) • 콩 40석(30섬 민호에 징수) • 벼 175석(75섬 민호에 징수) • 동전 3,006냥 6전 6푼(440냥 민호, 10냥 고을 향리에게 징수) • 베 3동 30필 (방자 역가) • 좁쌀 37섬 • 참밀 16섬(민호 징수) • 소두 16섬(민호 징수) • 동전 365냥(150냥 창지기가 곡식을 되질할 때 땅에 떨어진 쌀[落庭穀]로 부담) • 베 1동 10필	상정미 및 민호부담	『강원청사례』(19세기)
전체	• 쌀 2,483섬 4홉 4작, 무명 45동 5필, 전 4,510냥		『육전조례』 권4, 호전 선혜청조

표 7 경주인·경방자 역가

동사목이 작성될 당시보다 각각 5섬, 1섬씩 역가가 증가했다. 19세기 중반에 편찬된 『육전조례』상에 선혜청에서 지급하는 경주인, 방자의 고립가는 쌀로 환산하면 대략 4,287섬으로, 19세기 초에 작성된 『만기요람』에서보다 1천여 섬가량 액수가 줄어들었지만 경주인들이 지방에서 추가로 확보하는 역가를 고려하면 경주인의 역가는 19세기에 줄기는커녕 더 늘어났을 것으로 생각된다. 【표 7】을 통해 각도의 경주인, 방자 역가 책정 방식이 어떻게 변화하는지 구체적으로 살펴보기로 하자.

대동사목에 충청·전라·경상도는 경주인 역가를 대동세의 상납분에 책정해 놓은 반면,[84] 상정법이 시행된 황해·강원도는 도내 유치분에 책정해 놓았다. 강원도는 경주인 역가와 방자 고립가를 구분해 놓았으며, 경주인 역가를 민호에서 일부 추가징수하도록 했다. 한편 황해도는 처음에는 경주인에게 역가를 지급하지 않았다가, 황해도 각읍의 호적 만드는 종이값을 경주인에게 주어서 이들이 종이를 사서 관에 조달하고 남는 이익을 역가로 보전케 했다. 그런데 각읍에서 이를 제대로 따르지 않아 해서 경주인이 곤란을 겪자,[85] 영조 31년(1755) 상정절목을 개정할 때 이 문제를 개선하기 위해 【표 7】과 같이 황해도 각읍의 경주인 역가를 일일이 명시해 놓았다.

황해·강원 지역은 본래 산간 읍이 많아 모든 읍에 양전을 시행하지 못했기 때문에 상정법을 시행할 당시 읍마다 상정가를 달리 책정해 놓았고 그에 따라 경주인 역가도 지역마다 다르게 설정해 놓은 것이다.[86] 그런데 18세기 후반 이후로는 선혜청에서 지급하는 역가 외에 지방에서 환곡과 민고로 경주인 역가를 추가로 마련한 사례들이 확인된다. 그중 역가가 구체적으로 명시된 『일성록』 기사를 살펴보면 남평,[87] 홍양,[88] 익산[89]에서 경주인 역가로 각각 100섬(남평·홍양)과 30섬(익산)을 지출하였으며, 모두 환곡과 민고에서 경비를 마련하였다.

정약용은 『목민심서』를 통해 금산현 민고에서 경주인가로 100냥을 지출한 사례와 강진현의 읍징邑徵(고을에서 별도로 징수하는 일) 항목 중에서 경주인가 60섬을 거둔 사례를 소개하였다.[90] 19세기 군현 읍지에도 경주인 역가를 책정해 놓은 경우가 다수 확인되는데, 전라도 고부군의 경우 요역조에 경주인 역가를 쌀 110섬으로 책정하고 결세結稅(토지에 추가징수하는 세)를 거둬 마련하도록 했다.[91] 순천의 경우 복호결復戶結(잡역과 대동세 수취를 면제받은 토지) 6,629결 92부 8속에서 1결당 쌀 3말씩을 거둬 마련한 1,325섬 14말 7되 8홉 가운데 150섬을 경주인 역가로 책정해 두었다.[92]

평안도와 함경도 각읍에서도 지방재정 내에 경주인 역가를 책정해 놓았다. 평안도 철산의 경우 경주인 역가는 70섬으로, 대동고大同庫(지방 군현에서 운영하는 민고의 일종)에서 철산 7면의 가호에 1두씩 별도 징수한 세입에서 마련했다.[93] 함경도 경성의 경우, 경주인 역가와 경방자 역가를 각각 250냥으로 책정하고 이밖에 감영의 영리가 서울에 머물 때 쓸 경비(巡營營吏留京價), 동지사를 수행할 역인의 고립가(冬至使雇價), 공물 상납 시 감관·색리가 쓸 잡비(貢物監色浮費), 찐마로 조소(밧줄)를 만들 사람을 고립할 값(熟麻條所雇價), 공물을 운반·상납할 사람을 고립할 값(貢物雇價), 찐마 만들 사람을 고립할 값(元熟麻雇價) 등을 일일이 책정해 놓았다.[94] 이처럼 19세기 들어 경주인 역가는 선혜청에서 지급하는 역가 외에 지방 군현에서 환곡과 민고를 통해 제공하는 역가분이 늘어나는 추세에 있었다.

예외적인 사례이기는 하지만, 고을 향교에서 경주인 역가를 염출한 사례도 확인된다. 정조 20년(1796) 신녕향교에서 작성한 『고왕록』에는, 두 해 전(1794) 교서관에서 사서삼경四書三經을 외방에 반포할 돈이 없자 신녕 경주인에게 그 비용을 끌어다 쓰고, 신녕향교에 요구하게 하는 일이 있었는데, 당시 신녕향교에는 원납교생願納校生에게 거둔 75냥의 여윳돈이 있어 이를 가지고 경채京債(경주인에게 꾼 돈)를 갚을 수 있었다고 한다.[95]

한편 19세기까지 현물로 진상물자를 바쳤던 제주도의 경우, 제주민들에게 경주인 역가를 수취해 제주 경주인을 별도로 차정하고 경주인집 운영 경비로 쓴 사실이 확인된다. 고종 9년(1872) 제주목에서 작성한 「저리구폐절목」을 살펴보면, 제주 경주인은 제주에서 올라오는 진상물자의 검수와 공사행公私行 유숙을 책임지면서 매년 역가미 40섬과 경주인집 수리비용 60섬에 해당하는 돈 420냥을 제주민에게 별도로 수취해 역가로 충당하고 있었다.[96] 그런데 저사邸舍를 수리해 고치는 비용과 상경한 지방민들에게 공궤하는 쌀의 부담은 늘어나는 반면, 매매 구문口文(물품 보관 및 거래 시 받는 수수료) 수입은 감소하면서 당시 경주인이었던 조운경이라는 인물이 서울 사람 김희균에게 경주

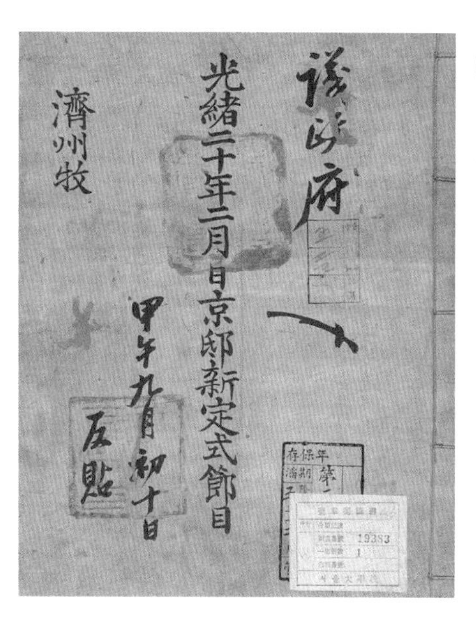

그림 6 제주목에서 의정부에 올린 「경저신정식절목京邸新定式節目」 서울대학교 규장각한국학연구원 소장

인권을 매도하는 일이 발생했다. 이에 제주목에서는 4,000냥의 기금을 마련해 주인권을 회수해 오는 한편 수보채修報債(집을 보수하는 데 드는 비용)에 충당하도록 했다.

고종 31년(1894)에는 제주도 경주인에 대한 개정절목(京邸新定式節目)이 작성되었는데,[97] 이때에는 고종 9년(1872)에 작성된 「저리구폐절목邸吏捄弊節目」의 내용을 재확인하면서, 주인권을 비롯해 명동에 위치한 경주인가를 헐값에 마음대로 매도하는 행위를 금하는 내용이 정식으로 추가되었다. 절목의 서문을 살펴보면, 당시 조가朝家에서 명동에 경주인집(邸舍)을 따로 마련해 준 것은 제주의 진상을 감독하고, 각종 공문서의 전달과 공적 행차의 접대를 담당하도록 하여, 서울에서 멀리 떨어진 섬 주민의 고충을 덜어 주기 위함이었다고 적혀 있다. 또 저사(경주인집)가 있으면 경주인도 없을 수 없기에, 본영(전라감영)에서 역을 감당할 수 있을 만한 자를 경주인에 차정하고, 절목을 만들어 의정부에 반첩反貼(발송처에 회신함)한 후 본저本邸에 두고 정식에 따라 준행해 온 것이 수백 년간 이어져 온 제주 경주인의 입역 방식이었다는 것이다.

여기서 특이한 점은 다른 경주인집과 달리 제주 경주인이 머무는 저사를 조가朝家, 즉 정부에서 마련해 준 것이다. 경주인집은 으레 각읍 재정으로 마련되었기 때문에 조가에서 제주 경주인집을 마련해 준 것은 매우 이례적인 조치였다. 19세기 말까지도 서울의 최남단에 위치한 제주도에서 현물진상을 상납하고 있었기 때문에, 서울까지 탈이 나지 않게 진상품을 인솔해 오고 각종 공문서를 처리하는 경주인의 역할이 무엇보다 중요했다. 이 때문에 정부 차원에서 특별히 제주 경주인집을 마련해 준 것으로 생각된다.

그런데 신미년(1871)에 전 경저리 조운경이 경주인권을 김희균에게 2,000냥에 매도하였기 때문에 임신년(1872)에 제주목의 각청에서 4,000냥을 마련하여 2,000냥은 경주인집의 수리비용인 수보채로 지급하고, 2,000냥은 김희균에게 지급하여 조운경으로 하여금 주인권을 환수해 오도록 해서 그대로 경주인역을 수행하게 했다. 문제는 병술년(1886)에 조운경이 알 수 없는 연고로 명동의 저사(경주인집)를 헐값으로 팔고 대신 공동(公洞)에 저사를 둔 후 임진년(1892)에는 김상희에게 주인권까지 매도한 것이다. 이에 계사년(1893) 4월 제주관아와 중앙관료, 상민商民들이 의논해, 근실하고 근본 있는 황신호란 자를 경주인으로 정해 전라감영의 차첩을 의정부에 보내고자 했는데, 당해 7월 제주도민 오창모가 진도에 거주하는 김완수, 서울 사람 최윤영과 함께 본영의 차첩을 숨겨 두고 최윤영을 주인으로 삼아 공동의 저사를 마음대로 팔았기 때문에 경주인집의 기반이 장차 사라질

지경이 되었다.

제주목에서는 제주 본도와 경주인이 긴밀하게 연관됨이 신체에 붙은 팔을 쓰는 것과 다를 바 없는데, 무뢰배들이 경주인권을 함부로 매매하는 것이 이같이 문란해져 막중한 공헌貢獻의 정기(매달) 상납과 빈번한 각사의 문서수발에 대응하기 어려워졌기에, 오창모·김완수·최윤영의 농간을 의정부에 보고해 엄히 징계하고, 경주인은 황신호로 정해 차첩에 따라 역을 수행토록 했다. 또한 경주인의 저사邸舍는 이후로 절대 매매하지 못하도록 하여 조가에서 별도로 내린 저사의 기반을 온전히 유지하도록 했다. 이와 관련해 새로 작성된 절목의 7조항을 정리하면 다음과 같다.

> ① 새 절목에 의거해 이미 전 구채舊債[오랜 빚]와 최(윤영)·오(창모)·김(완수)가 협잡한 데 관계된 일은 어떠한 형태, 어떠한 사건인지를 물론하고, 절대로 새 경주인을 침책하지 말아야 한다.
> ② 경주인집(邸舍)은 비록 공동에 있지만, 사실상 명동이 조가에서 획급해 하사해 준 근기根基가 된다. 지금부터는 절대 매매하지 말고 훼손되어 수보할 때의 채전은 본주[제주]에서 기존 예대로 거둔다.

③ 진상물자를 인솔하여 서울로 가져오는 일은 [경주인과] 관계되는 바가 없는데 달을 넘겨 [경주인가에] 머무르니 공사가 모두 곤혹스럽고 접대에 응하기도 어렵다. 이후로는 [경주인집에 머무르는 기간을] 15일을 한도로 하고 식채食債[밥값]를 1전씩 내도록 한다. 그밖에는 요구해서는 안 된다.

④ 역가의 돈은 [제주목에서] 매년 420냥을 전과 같이 모아서 거둔다.

⑤ 상인의 물건은 경주인의 관여하에 매매하며 미역(甘藿)·초둔[풀로 만든 거적] 등의 물종 101종은 구문□文을 [경주인에게] 지급한다. 사사로이 사고파는 이는 모두 난전으로 징계한다.

⑥ 본 고을의 선비들 중 혹 과거를 보거나 벼슬에 나간다고 칭하고서 다년간 서울에 머무는 자들은 절대로 [경주인을] 침책하지 말도록 한다.

⑦ 경강주인은 본도와 관계가 없는데, 작년에 최윤영이 경주인이었을 때 물건의 구문 중 11종을 제주 경주인과 반으로 나누어 수취한 자가 있으니, 영구히 금하고 [거래에] 참여하지 못하도록 한다.[98]

①-④, ⑥조항은 조가에서 정해 준 경주인집과 감영에서 차첩해 정한 경주인을 함부로 침책하지 못하도록 금단하는 내용으로서, 경주인 제도를 전과 같이 안정되게 유지하려는 의도가 담겨 있다. 위의 절목에서 흥미로운 것은 ⑤, ⑦조항인데, 경주인가에서 제주 상인의 물품을 위탁판매하고 구문을 수취하는 내용이 담겨 있다. 이때 구문은 물품 보관 및 거래 수수료를 일컫는다. ⑤조항을 통해 제주 상인이 서울에 올라와 물건을 판매할 때에 경주인집에 맡겨 두고, 경주인의 참여하에 물품을 거래함으로써 경주인의 구문수취권을 보장해 주었음을 알 수 있다. 그런데 ⑦조항을 보면 제주 경주인이었던 최윤영의 경우 경강주인과 제주 상인의 물품 11종을 함께 위탁판매하고 구문을 절반씩 나눠 갖는 일이 있었던 것으로 보인다. 이에 제주 상인의 물품에 대한 위탁판매와 중개수수료의 권한이 제주 경주인에게 있음을 명확히 하기 위해 ⑦조항을 삽입한 것이다. 결국 제주 경주인은 여객주인과 마찬가지로 저사에서 위탁판매업을 행하면서 공식적으로 구문을 수취했던 것으로 파악된다.

1872년의 「저리구폐절목」과 1894년의 개정절목은 19세기 말까지 제주민들이 중앙으로의 부세 상납과 지방민의 서울 방문에 경주인을 얼마나 중요한 매개고리로 인식하고 있었는지를 보여 주고 있다. 이에 제주 경주인들은 제주 상인들의 어물을 위탁판매하는 권한을 제주목으로부터 보장받음으로써 여객주인으로서의 수익도 꾀할 수 있었다.

지금까지 논의된 경주인, 경방자의 업무에 따른 경비 출처를 표로 정리하면 다음과 같다.

【표 8】을 살펴보면, 대동법 시행 이후 경주인이 수행한 문서수발, 관의 심부름, 연락사무 등에 대해 공식적으로 역가가 지급된 것을 확인할 수 있다. 반면 나머지 비공식 부분은 경주인이 알아서 마련해야 했다. 경주인은 각읍의 부세 상납이 지연되

경주인·경방자의 역		실무 담당	경비 출처	
			대동법 시행 전	대동법 시행 후
공식	지방민의 접대, 보호	경주인	자체 마련 후 각읍에 청구	좌동
	지방관 부임 시 물품 마련	경주인	자체 마련 후 각읍에 청구	좌동
	중앙 및 지방의 문서수발	경주인	자체 마련	대동미
	지방관의 심부름 및 중앙관서 심부름	경방자	자체 마련	대동미
	지방과의 연락사무	경방자	자체 마련	대동미
비공식	부세 대납 및 방납	경주인	자체 마련 후 각읍에 청구	자체 마련 후 각읍에 청구
	지방민의 소식 전달	경방자	자체 마련	좌동
	양반관료의 사적 심부름	경주인	자체 마련	좌동
	서울 사는 지방민의 급전 대부	경주인	경주인(원금) 요청자(상환금+이자)	좌동

표 8 경주인·경방자의 업무와 경비 출처

는 상황에 대비해 자체 재원으로 대납해 주는 한편, 연락사무를 통해 중앙의 요구와 지방의 형편을 알리는 중간자 역할을 수행했다. 여기에는 지방수령과 사족, 유생, 지식인들의 사적 청탁과 요구도 포함되어 있었다. 특히 비공식 업무 중 부세를 대납하거나 재경 지방민에게 급전을 대여해 주는 등의 일은 각각 해당 고을과 당사자에게 직접 청구해서 받을 수 있는 금액이었으나, 각읍 사정에 따라 경주인에게 이를 제때 지급해 주지 않아 분쟁을 야기하는 사례가 많았다. 18세기 중반 이후 각읍에서 경주인의 역가를 지방의 예산 항목에 포함시키거나 제주 경주인의 사례와 같이 위탁판매 권한을 주는 이유도 이와 관련이 있을 것으로 생각된다.

요컨대, 조선 전기에는 각읍에서 지방의 향리나 관속 중에 경주인과 방자를 뽑아보내고, 방자의 경우 봉족을 지정해 역가를 일부 보전해주었다. 그러다가 임진왜란 이후 고을민에게 가포價布를 거두어 서울에서 고립해 쓰는 경향이 나타났으며, 대동법 시행 이후로는 가포를 걷지 않고 대동·상정미로 경주인의 역가를 지급하는 조항이 정식화되었다. 18세기 중반 이후로는 지방재정에 경주인 역가를 경비로 책정해 놓는 경향이 나타났으며, 환곡과 민고에서 경주인 역가를 보전해 주는 고을들이 늘어났다. 19세기 경주인이 지방 향리들과 짜고 관곡을 빼돌려

식리殖利(곡식이나 돈을 빌려주고 이자수익을 꾀함)를 행하거나 고리대 자금으로 쓰는 문제가 야기된 데에는 이처럼 환곡과 민고의 이자수익으로 경주인 역가를 마련하는 관행이 확대되고 있었던 점을 배경으로 지적하지 않을 수 없다.

실제로 정약용이 『목민심서』에서 강진현의 전결세와 잡역가 수취 사례를 정리한 내역을 살펴보면, 1결당 중앙에 바치는 정규 세액은 세미 6말, 삼수미 1말 2되, 대동미 12말, 결전 5전에 불과한 데 반해, 잡비, 부가세는 쌀 438섬, 동전 900여 냥에 달했다.[99] 이 중 가장 많은 비중을 차지하는 것이 경주인 역가미 60섬과 영주인 역가미 90섬, 진상첨가미 90섬이었다.[100]

그러면 경주인 역가를 이처럼 군현 예산에 포함시키게 된 이유는 무엇일까? 경주인의 업무가 애초에 지방행정에 속하는 일이었으며, 이들이 행하는 지방민의 접대와 보호, 관료에게 제공하는 행정서비스가 본래 각읍에서 감당해야 하는 일이었기에 지방 군현에서는 경주인들의 역가 요구에 일정하게 부응할 수밖에 없었다. 조선 전기에는 관속을 차출해 서울로 올려보내 역을 지게 했기 때문에 역가의 부담이 없었으나, 점차 경주인과 경방자를 고립해 쓰기 시작하면서 지방민에게 가포價布를 거두어 역가를 충당하는 방식으로 전환되었으며 대동법 시행 이후 선혜청에서 경주인 역가를 지급하는 제도로 정착된 것이다. 따라서 대동법 시행 초기에는 경주인 역가에 대한 각읍의 부담이 그다지 크지 않았지만, 지방행정이 고도화되면서[101] 부세 행정과 연락사무에 있어 경주인에 대한 지방 각읍의 의존도가 커지게 되었다. 여기에 한 고을의 부세 대납과 수령의 행정 수발 역시 경주인이 떠안고 있던 상황에서 경주인 역가를 현실적으로 늘려 주지 않을 수 없었던 것이다. 이에 경주인들 역시 해당 고을을 오가며 자신들의 역가가 지방 예산에 반영될 수 있도록 지방수령 및 아전들과 네트워크를 형성해 갔다.

이처럼 경주인들의 부세 행정 및 관료 행정에 대한 공식, 비공식 지원의 대가로 이들의 역가는 점차 중앙 및 지방재정에 높게 책정되어갔다. 이것은 경주인의 경제적 위상을 높이는 계기가 되어 경주인권은 하나의 권리로 매매되기까지 했다. 다음 장에서는 조선 후기 경주인의 권리가 어떻게 매매되고 있었는지 그 구체적인 양상에 대해 살펴보기로 하겠다.

4

조선 후기 경주인권은 왜 그렇게 비쌌을까?

조선 후기 경주인의 위상과 역가의 추이를 설명할 때 자주 인용되는 자료가 다산 정약용의 『경세유표經世遺表』이다. 경주인은 정약용이 어린 시절에만 해도 천한 하례와 군졸이 담당하던 역으로 인식되었고 역가도 변변치 않았으나, 이후 역가가 날로 증가하고 남는 이익도 매우 많아져 『경세유표』의 집필 당시 주인권을 매매하는 값이 전보다 100배나 오르고 폐단 역시 지방 향리보다 심하다고 평하였다. 여기에 덧붙여 경주인의 역가가 이처럼 높아지는 이유에 대해서도 네 가지로 정리해 놓았다. 아래 인용문을 살펴보자.

> 생각건대, 저리의 폐단이 향리보다 심한 바, 내가 어릴

때에 보니, 이른바 경주인, 영주인이라는 것은 모두 천한 하례와 군졸들로 허리를 굽히고 다니면서 사역하는데, 대개 그때는 늠료가 빈약하고 권력이 성하지 못했으므로 비천한 자가 맡았던 것이다. 수십 년 이래로 세상 물정이 크게 변하고 조정 기강이 날로 무너져서 경주인 자리를 매매하는 값이 혹 8천 냥이나 되며, 영주인 자리를 매매하는 값은 혹 1만 냥에 이르기도 한다. 대개 그 역가가 날로 증가되어 남는 이익이 매우 많으므로 값이 전보다 100배나 되었다. 값이 100배인즉 이익이 100배라는 것을 알 수 있고, 그 이익이 100배인즉 백성을 벗겨 낸 물건이 100배라는 것도 알 수 있다. 이리하여 경주인집과 영주인집은 모두 포악하고 간사한 자가 차지하고 있다. 재물이 매우 풍부하고 권력이 더욱 강해지니 백성을 벗겨 내는 것도 더욱 심한 바, 백성의 큰 병통으로는 이보다 더한 것이 없다. 그렇게 되는 까닭이 넷인데, 첫째 조정의 권세 있는 신료가 저리[주인] 자리를 사기 때문이고, 둘째 수령이 뇌물을 받기 때문이며, 셋째 감사가 법을 어기는 일이 많기 때문이고, 넷째 수령이 염문[몰래 물어보는 것]하는 것을 두려워하기 때문이다. 수십 년 이래로 권세 있는 문무 관료들이 남

> 몰래 저리 자리를 사들여 청지기에게 맡기고 앉아서 그 이익을 거두어들였다. 이리하여 진짜 저리는 관청에 앉았는데 가짜 저리가 뜰아래 엎드려서 무릇 고소하는 일이 있으면 극진하게 따르지 않는 것이 없다. 이것이 경주인의 권세가 날로 더하고 달로 성해지는 까닭이다. 또 모든 저리는 수령의 집에 뇌물을 보내고 역가를 증액하도록 요청하는데, 뇌물이 다섯이면 역가도 다섯이 보태어지고, 뇌물이 열이면 역가도 열이 보태어진다. 수령은 한때 뇌물을 먹는 것뿐이지만 저리는 무궁한 이를 누리니, 이것이 경주인의 이익이 날로 보태어지고 달로 성해지는 까닭이다.[102]

그에 따르면, 경주인의 역가가 높아지는 이유는 중앙의 세도가가 경주인 자리를 사서 청지기에게 맡기고 수령에게 뇌물을 써서 경주인 역가를 올리기 때문이라는 것이다. 경주인권이 전보다 100배나 뛰었다는 설명은 다소 과장된 표현으로 보이지만, 중앙의 유력 양반층들 사이에 경주인권이 거래되고 있었던 점으로 미루어 정약용이 강진으로 유배 간 19세기 전반기에 경주인의 수익이 오른 것은 분명해 보인다.

그러면 경주인권의 매매가격은 19세기까지 계속 증가하는

그림 7 「이천부 경주인문기」 국립민속박물관 소장

康熙四十四年乙酉六月二十九日金士元前明文
右明文事段矣身去甲子年分辛李成處伊[illegible]
京主人買得使役爲如可到今所受太作木爲
備納之路乙勢不得已同京主人之役乙當初買
得明文壹張議送貳張幷以右人處錢文[illegible]
貳拾兩論定捧上爲遣永永放賣爲去乎子孫
族類中如有雜談之弊是去等將此文記告官
卞正事

伊川前主人道政朴以善[illegible]
證人 孟斗吉[illegible]
裵益贊[illegible]
朴萬增[illegible]
申[illegible]

乾隆元年丙辰正月十三日李春萬前明文
右明文事段乙酉六月分朴以善處伊川京
主人之任買得使役爲如可貧寒所致對
答無路乙仍于勢不得已同京主人之役乙放
賣爲乎矣當初買得明文二張議送二張秋
曺惠廳結立案各一張及惠所[illegible]差帖各

추세였을까? 이에 대한 답을 얻기 위해 국립민속박물관에 소장되어 있는 강원도 「이천부 경주인문기」(민속93206)를 발굴해 1705년부터 1866년까지 강원도 이천의 경주인권 매도 추이를 분석해 보았다.[103]

【그림 7】은 「이천부 경주인문기」의 원본사진이다. 1705년(강희 44년) 6월 29일 명문부터 1866년까지 총 33장의 명문明文(매매계약서)이 점련되어 있으며 중간에 절목도 포함되어 있다. 다만 첫 번째 작성된 1705년 명문은 그림에서 보듯이 하단의 훼손이 심한 상태이다. 점련 부분에는 인장을 찍어 거래자 간의 확인을 거친 것으로 판단된다.

점련문기 중 가장 상태가 양호하고 파악이 용이한 1736년(건륭 원년) 1월 13일 자 명문의 내용을 소개하면 【표 9】와 같다. 【표 9】의 명문 내용은 【그림 7】의 가운데 점련된 명문에 해당한다.

문기의 내용 중 1736년 이춘만이 이천 경주인권을 매입할 당시 명문 2장을 넘겨받은 것으로 보아, 이천 경주인권의 명문은 그림에서 왼쪽 첫 번째 명문(1705년) 외에 1장의 명문이 더 있었던 것으로 짐작된다. 1705년 명문에 매도자인 박이선이 신내성에게서 지난 갑자년(1684)에 이천 경주인권을 매득하였다고 한 점으로 미루어 보더라도 이천 경주인권의 형성 시기는 17세기 후반이었던 것으로 파악된다(【그림 7】 참조).

乾隆元年 丙辰 正月 十三日 李春萬 前明文	건륭원년(1736) 정월 13일 이춘만 앞 명문
右明文事段乙酉六月分朴以善處伊川京主人之任買得使役爲如可貧寒所致對答無路乙仍于勢不得已 同京主人之役乙放賣爲乎矣當初買得明文二張議送二張秋曹惠廳結立案各一張及惠廳本官差帖各一度幷以右人前錢文陸百貳拾兩依數交易捧上爲遣永永許給放賣爲去乎日後良中同生子孫族類中如有雜談是去等持此文記告官卞正事	다음의 명문에 관한 일은 을유년 6월 박이선에게 이천경주인의 역을 사서 사역하였다가 빈한해진 소치로 대처할 길이 없어 형편상 부득이 경주인역을 팔게 된 것입니다. 당초 매입한 명문 2장과 의송 2장, 추조[형조]와 선혜청의 입안 각 1장과 선혜청, 본관의 차첩 각 1부씩을 아울러 다음 사람에게 전문 620냥을 액수대로 바꾸어 받고 영구히 [문기를] 지급하오니, 이후에 같은 혈통의 자손, 족인들 중에서 잡담이 있거든, 이 문기를 가지고 관에 고하여 바로잡을 일.
(財主) 伊川主人 金士元 手決	재주 이천주인 김사원 수결
證人 楊口主人 宋希傑 手決	증인 양구주인 송희걸 수결
橫城主人 河斗溪 手決	횡성주인 하두계 수결
洪川主人 奇碩滿 手決	홍천주인 기석만 수결
寧越主人 尹孝元 手決	영월주인 윤효원 수결
筆執 任得恒 手決	필집 임득원 수결

표 9 1736년 「이천부 경주인문기」

매득 당시 이춘만이 김사원에게서 전달받은 문건은 이전 거래 명문 2장과 강원도 관찰사에게 올린 의송 2장, 추조秋曹(형조의 다른 이름)·선혜청에서 각각 공증받은 입안立案(재산 등을 매매, 양도, 재판 처리 결과 등을 관에서 확인받는 문서) 2장, 선혜청과 이천 관아에서 경주인을 임명해 발급한 차첩差帖(녹봉을 받지 않는 관직에 임명할 때 발급하는 문서) 2부로 총 8건이었다. 거래 당시 매도자인 김사원은 명문 작성 시 제3자인 증인과 필집을 참여시켜 거래를 확인한 후, 선혜청과 이천 관아로부터 발급받은 차첩과 형조 및 선혜청으로부터 발급받은 입안 일체를 매수자에게 이관했다.

특기할 만한 점은 이천주인 김사원이 경주인권을 매도하는 명문에, 매매의 증인으로 양구, 횡성, 홍천, 영월 등 강원도 각 고을 주인이 참여하고 있는 점이다. 이는 같은 도내 주인들이 서로 증인을 서 줄 만큼 평소 협조 관계가 형성되어 있었기에 가능한 일이었던 것으로 생각된다. 다만, 1736년 이후 명문들에서는 타읍의 주인들이 증인으로 등장하지 않는다. 좀더 따져봐야 하겠지만, 지역과 상관없이 영리를 목적으로 경주인권을 매수한 자들이 늘어남에 따라 증인과 필집의 구성 역시 기존 경주인의 네트워크에 구애받지 않게 되었기 때문으로 짐작된다. 이처럼 '경주인권이 매매된다'는 말은 곧 서울에서 향역을 지는 경저리로서의 정체성이 약화되고 지역과 상관없는 이들이 경제적 이익을 목적으로 경주인역을 맡게 되는 경향이 확대되는 것을 뜻했다.

다음 【표 10】에서 1684-1866년까지 183년 동안 이천 경주인권을 거래한 사람은 1866년 미상으로 남아 있는 마지막 매수자까지 포함하면 총 36명이다. 경주인권의 거래 시기는 평균 5년이지만, 박이선이 31년으로 가장 오랜 기간 경주인역을 졌으며, 다음으로 김남철이 16년간 경주인역을 행하였다. 24번, 25번 문기의 경우 1839년 당해 5개월 사이에 거래가 두 번 있었는데, 2월에 김만기가 정준영에게 판 것을, 7월에 정준영이 김만기에게 같은 값으로 되팔고 있다. 또 한 가지 특이한 점은 25번과 26번 문기 사이의 거래인데, 25번에서 정준영이 김만기에 판 후, 김만기가 최종상에게 판 이력이 확인되어야 26번 문기에서처럼 최종상이 허동신에게 팔 수 있는데, 김만기가 최종상에게 매도한 명문은 확인되지 않는다. 이러한 점을 감안하여 아래 명문에 기재된 경주인권의 가격 추이를 살펴보면 1705년 120냥 수준에서 1866년 1,800냥 수준으로 급격히 상승한 것을 확인할 수 있다.

순서	연월	매도자	매수자(괄호 추정)	가격	매도 사유
1	1684년 월 일	신내성	박이선	미상	미상
2	1705년 6월 29일	박이선	김사원	120냥?	콩을 무명으로 바꿔 상납할 목적
3	1736년 1월 13일	김사원	이춘만	620냥	빈한한 소치
4	1743년 8월 7일	이춘만	이진환	640냥	긴요한 용도
5	1751년 8월 16일	이진환	이민성	정은 278냥=556냥	긴요한 용도
6	1759년 2월 10일	이민성	김남철	정은 400냥=800냥	긴요한 용도
7	1777년 5월 13일	김남철	차춘대	900냥	긴요한 용도
8	1777년 12월 6일	차춘대	태성도	950냥	긴요한 용도
9	-	태성도	유신규	-	용처 발생
10	1792년 1월 일	유신규	박경소	1,200냥	용처 발생
11	1792년 5월 일	박경소	강경무	1,200냥	용처 발생
12	1796년 5월 6일	강경무	조필문	1,300냥	용처 발생

13	1800년 3월 3일	조필문	나흥직	1,300냥	용처 발생
14	1800년 8월 3일	나흥직	김중호	1,300냥	용처 발생
15	1803년 9월 6일	김중호	최명윤	1,600냥	용처 발생
16	1805년 4월 일	최명윤	이희민	1,800냥	긴요한 용도
17	1805년 7월 일	이희민	미상(홍응주)	1,900냥	긴요한 용도
18	1822년 12월 일	홍응주	미상(김재연)	1,500냥	긴요한 용도
19	1833년 2월 일	김재연	미상(김치수)	1,500냥	긴요한 용도
20	1834년 6월 일	김치수	미상(염명신)	1,100냥	-
21	1835년 7월 일	염명신	미상(정환손)	1,500냥	긴요한 용도
22	1838년 2월 일	정환손	미상(김윤욱)	1,500냥	긴요한 용도
23	1838년 6월 일	김윤욱	미상(김만기)	1,500냥	긴요한 용도
24	1839년 2월 일	김만기	미상(정준영)	1,500냥	긴요한 용도
25	1839년 7월 일	정준영	미상(김만기)	1,500냥	긴요한 용도
26	1842년 10월 2일	최종상	미상(허동신)	1,500냥	긴요한 용도
27	1843년 7월 11일	허동신	미상(홍윤원)	1,500냥	용처 발생
28	1844년 3월 일	홍윤원	미상(서관신)	1,500냥	용처 발생
29	1851년 2월 일	서관신	미상(김경효)	1,800냥	용처 발생
30	1855년 9월 일	김경효	미상(서유한)	1,600냥	-
31	1857년 2월 일	서유한	미상(김응진)	1,500냥	-
32	1859년 6월 일	김응진	미상(정완창)	2,000냥	-
33	1860년 1월 일	정완창	미상(이재영)	2,000냥	-
34	1862년 1월 일	이재영	미상(유진원)	2,200냥	-
35	1866년 2월 일	유진원	미상	1,800냥	-

* 1, 9번 문기는 현존하지 않음. **정은(丁銀) 1냥은 18세기 중반임을 감안하여 동전 2냥으로 계산함.
***2번 문기에 경주인 가격은 하단 부분의 손상으로 한자의 일부만 확인되나 획수로 보아 일(壹)로 이해해도 무방할 듯하여 120냥으로 계산하였음.

표 10 이천부 경주인권의 가격 추이

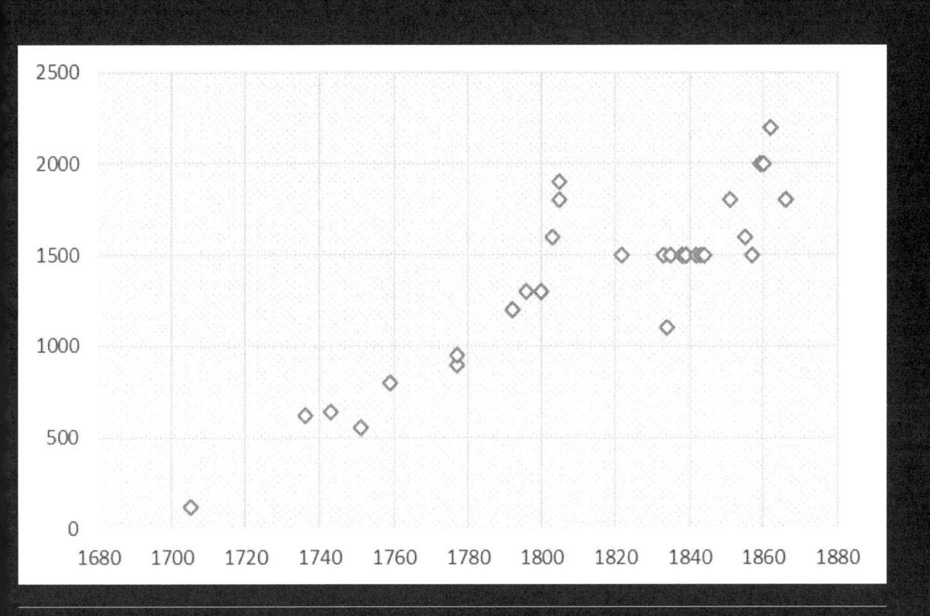

그림 8 이천 경주인권 매매 가격 추이(1705-1866)

단위: 兩, 【표 10】에서 현존하지 않는 1, 9번 문기 데이터는 생략함.

【표 10】에서 이천 경주인가가 가장 높게 거래됐던 시기는 1862년이었으며, 1822년에서 1844년까지 가격변동 없이 거래되기는 했지만, 183년(1684년-1866년) 동안 경주인권의 가격이 15-18배 가량 상승한 것으로 파악된다. 이러한 추세는 【그림 8】에서도 확인된다. 【그림 8】의 경주인권 매매가격 추이를 살펴보면 18세기 내내 경주인권 가격이 꾸준히 상승하다가

1805년 1,900냥으로 최고점을 찍은 후 19세기 중반 1,500냥 수준으로 하향 안정화 추세를 이어 가는 가운데, 1862년 다시 2,200냥까지 오르는 등락폭을 보였다.

그러면 이천 경주인권은 과연 비싸게 거래된 것일까? 19세기 전반 정약용이 언급한 주인권의 매매 가격은 8,000-10,000냥 수준이고, 수십 년이 지나는 동안 100배 수준으로 상승했다고 했으나, 183년간의 가격 추이만 두고 본다면 가격 상승률은 앞서 언급한 대로 최대 18배 수준에 그치며, 가격도 정약용이 언급한 값의 1/4-1/5 수준에 불과했다. 그러면 이천 경주인권의 가격은 당대 경주인권 거래에 있어 일반적인 금액이었을까?

김동철은 최승희(『韓國古文書硏究』, 한국정신문화연구원, 1981)가 정리한 장단의 경주인문기를 분석하여 1762년 경주인권이 600냥에 매매되었다가, 1808년 2,000냥으로 상승하였고 1811년에는 1,700냥으로 줄어든 것으로 파악했다.[104] 1805년 이천 경주인권도 1,800-1,900냥 수준이었으며, 1894년 제주목에서 경주인권을 회수하기 위한 비용으로 2,000냥을 책정했던 점을 감안한다면, 19세기 말까지 경주인권의 매매가는, 현재까지의 사례만 두고 본다면 대략 2,000냥 안팎 수준으로 파악된다. 그러나 김동철이 추가로 분석한 전라도 장흥의 벽사역 경주인권의 경우, 1759년 당시 400냥이었던 것이 1868년 4,500냥까지 상승하였다가 1870-72년 사이 다시 3,500냥으로 줄어드는 것으로 확인되기 때문에 경주인권의 가격을 일반화하기는 무리일 듯하다. 그럼에도 경주인권의 가격은 19세기까지 가파른 상승세를 보이는 것만은 분명하다. 그러나 이 역시 경주인이 평소 부세 대납이나 수령의 행정수발을 들면서 감당해야 하는 자체 경비를 감안하면 그다지 많은 금액으로 보기 어렵다.

실제로 앞서 은진 송씨 동춘당 후손가에 소장된 경주인하기 문서에서 경주인이 한 차례 요구한 금액이 983냥 8전에 이르렀고, 교동 경주인 황덕휘가 5년간 신구 부사가 갚지 않은 빚과 잡비 등 1,000여 냥을 교동에 청구했던 점을 감안하면 경주인이 자신의 자본력으로 감당해야 하는 금액은 1,000냥 이상이었을 것이기 때문이다.

그러면 이처럼 경주인에게 주어진 과중한 역 부담에도 불구하고, 경주인권이 위의 그래프처럼 19세기 중반까지 상승 추세에 있었던 이유는 무엇일까? 지금부터는 경주인이 어느 부분에서 별도의 수익을 창출했는지 살펴보기로 하겠다. 우선 아래의 기사를 살펴보자.

> 이종순李鍾淳이 … 비변사의 말로 아뢰기를, "여산 등 네 고을의 대동미 나르는 선박의 선주와 사공들에게 죄에

합당한 법률을 시행하는 초기草記를 계하啓下하였으니, 법을 우습게 아는 자들이 정신을 번쩍 차렸을 것입니다. 그러나 이 사단으로 인하여 또 단속할 것이 있습니다. 그것은 바로 선주와 사공들이 경주인에게 빚을 지는 문제입니다. 이들은 애당초 나라 곡식을 배에 실을 때에 미리 횡령하고는 서울에 와서 상납할 때 경주인에게 빚을 내어 바치는데, 경주인은 높은 이자를 받는 것을 이롭게 여기고, 선주와 사공은 기한에 맞추어서 상납하는 것을 다행으로 여깁니다. 이에 양쪽이 서로서로 호응하여 드디어는 고질적인 폐단이 되었습니다. 이 폐단을 제거하지 않으면 폐단의 근원이 그대로 남게 됩니다. … 삼남의 감사들로 하여금 두 가지 세를 실어 보내는 각 고을에 공문을 보내 선주와 사공에게 물어 조사한 다음, 경주인에게 갚을 이자가 이미 본전의 곱절에 이른 것은 빚문서를 감영에 모아 놓고 모두 말소하게 하여야 합니다. 그리고 혹 부득이하여 빚을 내어 마감을 할 경우에는, 이후에 갚는 것은 본전의 곱절을 넘기지 않는 것으로 절목을 만든 다음, 본사[비변사]에 보고하고 의견을 붙여 회송하도록 한 뒤에 시행하게 하여야 합니다. 그러니 이상과 같은 내용으로 세 도

의 감사에게 공문을 보내는 것이 어떻겠습니까?" 하니, 윤허한다고 전교하였다.[105]

위의 사료에 밑줄 그은 부분에서도 알 수 있듯이 경주인이 선혜청과 지방관아에서 받는 역가 외에 이들이 수익을 기대할 수 있었던 것은 고리대에 해당하는 '저채邸債'였다. 기사에서처럼 경주인은 선주와 사공들의 부세 횡령을 해결하기 위해 중앙에 부세를 대납하고 그 대가로 고율의 이자놀이를 하고 있었다. 그러면 경주인은 어느 정도의 이자율로 저채를 놓고 있었을까? 조선 전기 이자율은 월 1할, 연 5할로 채무기한이 오래되더라도 이자가 원금을 초과할 수 없도록 규정해 놓았다.[106] 조선 후기에도 기본적으로 이러한 원칙을 유지했으나 숙종 대 상평통보가 유통되면서 공사의 빚은 3년이 지나면 이자를 받지 못하도록 하는 한편, 연리 역시 2할을 넘기지 못하도록 조정한 내용이 『속대전』에 반영되었다.[107] 그런데 위의 인용문에서 선주인과 사공이 빚을 내더라도 이자가 곱절을 넘기지 않도록 한다는 내용에서 이자율이 원금 100%를 넘기는 일이 빈번하였음을 알 수 있다.

앞서 살펴본 황윤석의 일기에서도 경주인의 저채 이자율에 대한 실마리를 찾을 수 있다. 황윤석은 서울에서 사환 기간 여러 사람에게 생활자금을 빌려 썼는데, 특히 가까운 동료나 지인에게 돈을 꾸기도 했지만, 몇십 냥 규모의 많은 돈이 필요할 때에는 한강 변의 도고상인들이나 경주인, 반주인에게 대부받았다. 정조 10년(1786) 황윤석은 경주인에게 7월채라는 명목으로 20냥의 돈을 꾼 일이 있는데, 경주인은 이때 20냥에 대한 이자로 매달 2냥의 이자(1할)를 요구했다.[108] 앞서 조선 후기 공사채 법정 이자율이 연리 2할이었던 점을 감안하면, 황윤석에게 돈을 빌려준 경주인은 법정 이자율을 넘어선 고율의 고리대를 적용해 황윤석에게 돈을 꾸어 준 셈이었다. 서울살이에 필요한 생활 자금을 얻기 위해 황윤석은 경주인에게 돈을 빌리면서 월리 10%에 달하는 고율의 이자를 갚아야 했던 것이다. 다만 고리대의 이자율이 높다는 것은 그만큼 경주인이 빌려준 원금을 회수하기 어려웠음을 뜻하기는 것이기도 했다.

다음으로 경주인이 수익을 창출할 수 있었던 것은 '방납防納'과 '도고활동'이었다. 조선 후기 대동법이 시행되면서 공리의 현물상납 업무는 크게 줄어들었지만,[109] 경주인은 여전히 곡물과 포목으로 대체된 부세 대납 업무를 수행하는 한편, 도고 활동을 벌여 수익을 꾀하였다.[110]

이번 4월 13일 주강 입시 때에 검토관 이담명李聃命이 아뢰기를 "신이 사는 영남 여러 고을에는 제용감에 바치는 정포正布가 있는데, 본감의 서리들이 중간에 농간을 부려 본래 정해진 물품으로 상납한 자는 일체 퇴짜를 놓기 때문에 부득이 정포 1필의 값을 중목中木[중간 정도 품질의 무명] 2필로 거두어 경주인에게 주어서 베를 준비해 바치게 하고 있습니다. 그 후 1필을 늘리고, 또 반 필의 베를 더해 1필의 값이 자그마치 3필 반이나 되었으니 주인배들이 이익을 취하게 됨은 본래 그렇지만 그 욕심에 한정이 없어서 다소의 뇌물로서 각 고을에 부탁해 무명의 올수(升數)가 점차 가늘어지고, 길이(尺數)는 점점 길어지고 있습니다. 당초에는 그 무명의 품질이 4승목 36척에 불과했는데, 지금은 7승목 40척이 아닌 것은 주인이 문득 물리치고 받지 않아 일의 근거가 없음이 이보다 더 심할 수가 없으니 백성들이 어찌 원망하지 않겠습니까?[111]

위의 기사를 살펴보면, 제용감에서 경상도 각읍에 공물로 부과한 정포를 경주인이 중간 품질의 무명 2필 값을 받고 대납해 주면서 점차 그 값을 올려 받아 중간 차익을 꾀하고 있음을 알 수 있다. 이담명의 보고가 있던 숙종 2년(1676)은 경상도에

아직 대동법이 시행되기 전이기 때문에, 경상도 각읍에서는 제용감의 정포를 여전히 현물로 상납하고 있었다. 그런데 각읍에서 중목 2필 값을 경주인에게 주어 정포를 서울에서 대납하면서, 경주인들이 대납가를 중목 2필에서 3.5필로 늘려 받는가 하면, 올수도 7승목 40척으로 품질을 높인 까닭에 각읍의 원망이 커지고 있었다. 대동법이 시행된 후로도 정부관서의 현물공납이 완전히 사라진 것이 아니었기에 경주인의 부세 대납과 그에 따른 중간 수익 창출은 계속되었다. 아래의 기사를 살펴보자.

> 이번 6월 초3일 대신과 비국 당상을 인견하여 입시하였을 때에 영의정 남구만南九萬이 아뢰기를, 지금 나라가 무사한 지 이미 오래이므로 조정의 명령이 해이하여 크고 작은 일에 사치하는 폐단이 많으니 통렬히 억제해야겠습니다. 국가의 소용 이외에도 사적인 일로 낭비하는 액수가 지나치게 많고 제도 순무사가 진달한 폐단도 너무 많습니다. … 지금의 재부는 삼남에서만 나오는데 대동법을 실시한 이후로는 각 읍의 수요가 각각 한정되어 있어 매양 부족함을 호소하는데 거기에다 규정 이외의 수응을 덧붙이고 있으니 서원의 요구는 비록 사문斯文의 일이라고 하지만 각 고을에 있어서

는 참으로 견디기 어려운 바가 있습니다. … 또 경중 각사에서는 외방에 요구하였다가 바로 올려보내지 않으면 경주인에게서 받아 내고 경주인은 본 고을에서 갑절로 받아 내니 그 폐단이 적지 않습니다. 사사로운 일로 각 개인이 청구한 것을 다 적발하여 죄주기는 어렵겠으나 지금부터는 조정사대부가 연명하여 통문을 돌린 것과 경중 관서에서 고을, 영문에 요구하는 것을 일체 금단하여 외방의 폐단을 덜어 주고 사대부의 풍습을 바로잡는 것이 어떻겠습니까?[112]

숙종 21년(1695) 무렵은 경기와 강원, 함경과 삼남에 대동법이 시행되고 있던 시기이다. 영의정 남구만南九萬은 당시 사치하는 폐단과 국가의 소용이 낭비되는 상황을 비판하면서 대동법 시행 이후로 각읍의 수요가 한정되어 있어, 경비지출에 부족함이 있음을 호소하고 규정 이외의 수응을 덧붙이거나 서원과 양반 사대부가에서 별도로 지방에 징수하는 폐단을 진달하였다. 대동법은 애초에 방납의 폐단과 추가징수의 문제를 해소하고자 기획된 공물변통안이었지만, 한정된 세수(1결당 12두)로 중앙의 경비를 감당해야 했기 때문에 정부관서에서 외방에 규정 이외의 물자를 요구하는 문제가 발생하였다.[113] 이에 경주인은 대동법이 시행된 이후에도 이같이 중앙관서에서 추가로 요구하는 외방공물을 고을민들을 대신해 방납해 주고, 이를 대가로 지방에서 배나 되는 세를 징수하였다.

한편 경주인들은 도고상인과 결탁해 지방물산의 유통과 판매로 이익을 거두었다. 일례로 정조 14년(1790) 강계부의 옛 경주인인 양진춘이라는 자가 미삼 4근을 강계부에 방납하고, 백성에게는 인삼 1냥마다 시중가보다 높은 동전 50냥씩을 강제로 징수해 강계부민들이 형조에까지 올라와 소지所志를 올리는 일이 발생했다. 정조는 강계부민을 위해 경주인을 평안도에 잡아보내서 감사가 엄히 조사해 보고하도록 했다.[114] 대동법 시행 이후로도 공삼을 바쳐야 했던 강계주민들의 부담을 이용해 경주인들이 높은 방납가를 매겨 인삼을 방납하고 가격 차로 이익을 보고 있었던 것이다. 그런데 강계 경주인들은 인삼을 강계부에 방납하는 한편, 도고상인에게도 판매해 막대한 부를 창출하고 있었다.

> 이번 1월 9일 주강에 대신과 비국당상이 함께 입시했을 때 지돈녕 홍낙순洪樂純이 아뢰기를, "… 강계의 경주인 김중서金重瑞는 매우 간사한 사람으로 십몇 년 동안 삼을 사들이는 일을 빙자하여 강계에 오래 머물면

서 삼호蔘戶에 싼값을 미리 주고 그들이 산에서 내려오면 관청에 상납하기도 전에 김중서가 몰래 그 삼을 받아 도고都賈에게 팔았습니다. 그러므로 근래 강계삼이 몹시 비싸진 것은 오로지 이 때문입니다. 그 정상을 따져 보면 매우 절통합니다. 신이 일찍이 서영西營[평안 병영]에 있을 때 그의 경주인 임무를 빼앗고 다시는 강계에 발을 들여놓지 못하게 하였습니다. 지금 들으니 그 자가 그대로 출몰하면서 인삼값을 조종한다고 하니 매우 괘씸합니다. 이번에 김중서가 받은 삼값 1만여 냥도 탕감하는 가운데 끼어 있었다고 하는데 이 1만여 냥은 도로 징수해야 합니다. 그리고 그의 전후 죄상은 해조에서 각별히 엄하게 다스려 절도絶島에 정배하고 특사의 은전을 베풀지 말게 함으로써 간사한 백성이 국법을 조금이라도 알게 해야 할 것입니다" 하니, 임금이 그리하라 하였다.[115]

위의 기사를 살펴보면, 강계 경주인 김중서라는 자가 강계삼을 방납하기 위해 삼호인 강계 주민에게 싼값을 지불하고 삼을 얻은 뒤 이를 관에 납부하는 것이 아니라 도고상인에게 팔아 이득을 남겼고 이 때문에 강계삼이 비싸지게 되었다고 한다.

이에 지돈녕 홍낙순이 서영에 있을 때 김중서를 경주인 자리에서 물러나게 했으나, 이후로도 그가 강계에 출몰해 삼값을 조종하는 도고 행위를 하고 있었기 때문에 그를 붙잡아 절도에 유배 보낼 것을 청하는 계문을 올린 것이다.

요컨대, 조선 후기 경주인은 군현별 차이가 있기는 하지만 중앙과 지방에 책정된 경주인 역가와 부세 대납 및 방납에 따른 중간차익, 재경 관인과 지방수령을 대상으로 한 고리대를 통해 상당한 수익을 거두고 있었으며, 심지어 외방 공물을 싸게 사들여 도고상인에게 판매함으로써 유통 마진을 꾀하기까지 하였다. 이에 경주인권 역시 여타 공인권과 마찬가지로 민간에 비싼 값에 거래되었으며 양반 세도가에서 경주인권을 소유하고 이들의 겸인이 경주인역을 수행하기도 했다.[116]

그러면 이처럼 고리대와 도고상업으로 자체 자본력을 확대해 가는 경주인에게 지방 예산을 늘려 역가를 지급하던 관행을 왜 중앙정부는 단속하지 않은 것일까?

결론적으로 말하면, 정부 입장에서 경주인은 절반은 관리고, 절반은 민간인과 같은 존재들로서(半官半民) 비공식적이자 행정업무에서 절대 배제할 수 없는 위치에 있었다. 그렇기 때문에 중앙정부는 대동법 시행 이후 이들에게 역가 지급을 공식화하고, 국가에서 음성적으로 필요로 하는 각종 역을 책임 지웠다. 조선 후기 여러 폐단에도 불구하고 경주인 제도가 존속할 수 있었던 것은 대동법 시행 이후로도 세곡과 현물을 지방에서 안정적으로 확보하려는 정부관서의 필요가 작동하였기 때문이며, 이와 더불어 중앙-지방 간 연락사무가 경주인, 경방자에 의해 이루어지고, 경외 관원의 품위 유지비용이 경주인에게서 나오고 있었던 점도 중요한 이유로 지적할 수 있다.

조선 후기 경주인 역가가 대동미의 상납분 외에 지방재정에 공식적으로 책정되어 간 것 역시 경주인의 역가를 보전해 줘야 하는 중앙과 지방의 필요가 맞물린 결과로 볼 수 있다. 중앙관서의 입장에서는 부세의 독촉과 문서의 하송, 역군(경방자 포함)의 고립 등 각종 공사에 부응하는 경주인이 파산할 경우 행정 운영에 차질을 빚을 수밖에 없었다. 지방에서도 수령을 비롯한 유생, 사족들이 경주인을 통해 중앙의 기별을 받고 서신을 왕래하는 한편, 상경 시 체류비용을 지원받았기에 경주인이 요구하는 역가 보전 요구를 외면하기 어려웠을 것이다.

결국 경주인의 역가가 지방재정에 할당된 것은, 정약용의 지적대로 중앙의 세도가와 그들의 겸인이 로비를 통해 지방수령을 움직인 결과일 수 있지만, 보다 근본적인 원인은 경주인의 역가를 현실적으로 보전해 주어야 할 만큼 이들이 관료 행정에서 차지하는 비중과 역할이 19세기까지 지속적으로 커진 데 있었다고 할 것이다.

문제는 19세기 들어 이들이 수령, 아전들을 회유해 지방재정에서 역가를 증액하는 차원을 넘어서 지방의 비축 재원을 가지고 포흠逋欠(조선시대 관청의 재화를 사사로이 사용하는 행위), 식리殖利(곡식이나 동전 등 비축재원을 활용해 이익을 꾀하는 행위) 활동을 벌임으로써 지방재정을 문란하게 하는 주범으로 역할하게 되었다는 것이다. 그리하여 이들은 19세기 중반 이후 민란의 원흉으로 지목되고 있었다.

5

19세기 민란과 경장의 시대, 경주인의 생존법

19세기 판소리 여섯 마당을 정리한 신재효申在孝(1812-1884)는 고창의 향리 출신으로 알려져 있지만, 실제 그의 아버지는 본관이 평산인 신광흡申光洽이란 인물로 고창과는 연고가 없던 경기도 고양 사람이다. 선친 신광흡이 고창 경주인역을 지면서 고창을 자주 왕래하였고, 그러한 인연으로 신재효가 고창에 내려와 향직을 맡으면서 1969년 당시까지 후손들이 5대째 생활하고 있었다. 당시 후손의 인터뷰에 따르면, 신재효가 고창에서 판소리 정리에 힘을 쏟을 수 있었던 것은 아버지가 물려준 재산을 키워 나이 40에 천석꾼이 되면서 대지 3,000평에 큰 집을 지어 살 만큼 경제력을 갖추었기 때문이라고 한다.[117]

애초에 고양 출신이었던 신재효의 선친이 고창의 경저리가

그림 9 고창 경주인 신광흡의 아들인 신재효 고택, 한국민족문화대백과사전에서 전재

될 수 있었던 것은 조선 후기 경주인을 서울에서 고립해 쓰는 관행이 형성되었기에 가능한 일이었다. 그런데 신재효는 선친으로부터 물려받은 유산을 가지고 고창에 내려와 향직을 지내며 재산을 축적했고 이를 바탕으로 양반 지배층을 비판하는 판소리 사설을 정리하였다. 경주인과 향리는 모두 양반관료체제의 실무행정을 공식, 비공식적으로 뒷받침하던 자들로서 19세기 관료사회의 민낯을 가장 깊숙히 들여다볼 수 있는 자들이었다. 그렇기에 경주인으로서 일생을 보낸 아버지와 향리로 살고

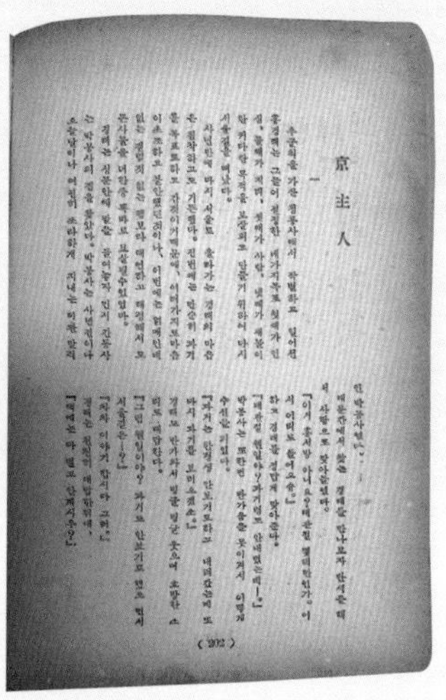
京主人

(202)

그림 10 『동아일보』에 연재되었던 월탄 박종화의 역사소설 『홍경래』, 1958년 출판본, 사진 최주희

있는 자신의 처지를 체감하며 신재효는 관료제를 비판하는 저항문학을 창출할 수 있었으리라 생각된다. 경주인의 체제비판적 면모는 역사소설에서도 확인된다.

근대문학가인 월탄 박종화朴鍾和(1901-1981)가 해방 이후 『동아일보』에 연재한 역사소설 『홍경래洪景來』에는 홍경래(1771-1812)가 과거에 낙방한 뒤 출사出仕의 뜻을 접고, 현실에 불만을 품은 몰락 양반, 풍수가, 상인, 평천민을 규합해 반란을 일으키는 과정이 생생히 묘사되어 있다. 특히 그가 벼슬의 뜻을 접고

반란 세력을 규합하기 위한 사전 준비 작업으로 박봉사의 도움을 받아 호조판서로부터 평안도 경주인 자리를 얻어 내는 장면이 주목된다.[118] 호조판서 김대감은 홍경래를 아끼던 인물로, 문장에 재능이 있는 홍경래가 상놈으로 전락하는 것을 난처하고 거북하게 여겼으나 평안도 출신 선비가 중앙에서 벼슬하기 어려운 현실을 수긍하고 홍경래의 간청에 굴복해 호조서리를 불러들여 남문 밖에 사는 평안도 경주인 염치삼을 대신해 평안도 경주인으로 임명하는 차첩을 내려 주었다.

홍경래가 평안도 경주인이 되는 과정은 실제 사료에는 확인되지 않은 허구적 설정이지만, 서울에서 평안도를 왕래하며 인맥과 부를 쌓는 데에 경주인은 더없이 효과적인 자리였기에 이러한 설정은 극의 개연성을 더해 주는 설정이었다고 생각한다. 그러나 경주인 다수가 신재효나 소설 속 홍경래처럼 19세기 기층민중이 처한 현실을 대변하는 저항의식을 가진 이들이었는지에 대해서는 재고의 여지가 있다. 경주인이 양반관료에 대해 수탈의 피해자인 것은 맞지만, 한편으로는 백성들의 부세 침탈을 자행하는 가해자의 얼굴을 하고 있었기 때문이다.

조선 후기 경주인의 역가가 중앙과 지방재정에 정규 항목으로 편입되어 가던 상황에서 경주인은 19세기에도 이전과 마찬가지로 연락사무와 서울에 상경한 사족·유생들의 접대 및 숙박

지원, 신구 수령 교체 시 행정지원, 중앙와 지방 고을 사이에 부세 관련 공문서 수발 등 다양한 업무를 처리해 갔다.

고종 24년(1887) 3월과 4월 사이 정선군에 새로 부임하게 된 오횡묵吳宖默에게 경주인이 방문해 부임 축하연을 어떻게 준비할지, 신연新延(새로 부임하는 지방관을 맞이해 오는 일)을 어떻게 할지 상의하는 한편, 궁궐에서 보내온 공문을 오횡묵에게 전달해 주었다. 그리고 이듬해 5월에는 수쇄收刷(노비나 부세 등을 찾아서 거두는 일)의 일 때문에 서울에서 내려온 종형從兄의 서찰을 전해 주기도 했다.[119]

그런데 지방관들이 각종 행정업무에 경주인들에게 의지하는 부분이 많아질수록 경주인들의 재량권도 커질 수밖에 없었다. 실제 경주인들은 부세 상납 과정에서 자신들에게 가해지는 경제적 침탈에 대응해 관곡館穀, 관전官錢을 대출해 쓰고 상환하지 않거나 고리대를 놓아 민간에서 이자를 징수하는 수탈적 면모를 드러냈다.

다음의 기사는 고종 2년(1865) 평안도 각 고을에 비축되어 있는 첨향미 등을 경저리(경주인)에게 대출해 주고 이를 상환받지 못하게 되자 본도 감사를 시켜 개선 방안을 아뢰도록 한 기사이다. 평안도 감사 홍우길洪祐吉은 경주인들이 포흠한 첨향미를 한 번에 갚을 수 없으므로 그들에게 지급해야 하는 역가로 첨향미의 포흠분을 작년과 올해 나누어 차감하고, 향후 몇 해간 차감 해 나가면 포흠분이 청산될 것이라는 의견을 아뢰었다.

> 의정부에서 아뢰기를, "지난번에 관서 각 고을의 첨향미添餉米[환곡으로 군량을 보충한 것]와 이식利殖 가운데 헐한 곡식을 경저리들에게 대출해 준 데 대해 징수해야 할 분량을 당년 내에 모조리 완납하게 할 것을 공지해 알렸습니다(行會). 방금 본도 감사 홍우길洪祐吉이 보고한 것을 보니, '경저리들이 대출받은 첨향미에서 작년·금년 두 해에 바쳐야 할 수량을 그들에게 지급하는 역가役價로 연도에 따라 대신 거두었습니다. 그러나 나머지 수량을 당해에 모조리 받아들이는 것은 해읍該邑에 억지로 독책할 수 없는 형편입니다. 그러므로 각 경저리의 성명 및 받아들여야 할 수량을 성책成冊을 만들어 올려보냅니다. 그런데 몇 해로 나누어 배분한 첨향미는 본도의 잘못된 규례로서 그들[경저리]의 고의적인 포흠만은 아닙니다. 배분하여 받아들이는 자금은 저리들에게 지급하는 일정한 역가가 있으니 기한이 찰 때까지 차감할 경우 몇 해가 되지 않아 장부가 청산될 것입니다. 그러나 햇수가 오래되면 반드시 사망자가 많을 것

이며 그 수량을 끝내 채우려고 한다면 그것은 헛된 장부가 될 뿐입니다. 따라서 당해에 전 수량을 충당하게 하는 것은 영읍營邑의 곤란한 형편일 뿐만 아니라 일에 구애되는 사단이 있게 될 것입니다'라고 하였습니다. 관서의 첨향은 본시 본도의 공금이니, 경저리들과 무슨 관계가 있기에 그들에게 넘겨 대출해 주어 그들의 소유물로 여기게 하겠습니까. 첨향과 이식이 헐한 곡식을 크게 개혁시킨 다음 저들이 포흠한 것을 제일 먼저 결산해야 하며, 지금 이 보고 내용도 사세가 또한 그러한 것입니다. 대체로 각읍의 역가는 본시 해마다 지급하는 수효가 있습니다. 그런데 지금 서울에 있는 저리들을 탐문하여 곳곳에서 체포할 경우 다만 소요스러운 사달만 발생하게 될 것입니다. 이 성책을 다시 내려보내어 각 읍의 역가로 배분한 연도까지 하나하나 충당시키고 거행한 상황을 매년 연말에 자세히 본부에 보고하도록 할 것을 행회行會하는 것이 어떻겠습니까?" 하니, 윤허하였다.[120]

이에 대해 의정부에서는 관서의 첨향미 역시 국가의 공금인데, 이를 경저리에게 사적으로 대출해 주고 포흠을 야기한 상황을 비난하면서, 평안도의 첨향미 운영을 전면 개혁한 후 경저리의 포흠분(축내어 없앤 부분)을 결산해야 한다는 입장을 피력하였다. 다만 서울의 경저리들을 일일이 체포할 경우 어지러운 사단이 발생하고 일이 해결되지는 않을 것이므로, 평안 감사 홍우길이 제안한 대로 경저리의 성명과 이들의 포흠 수량을 담은 성책을 다시 내려보내 매년 역가를 차감해 갚아 나가고 이를 중앙에 정기적으로 보고하도록 했다. 의정부에서는, 원칙상 첨향미를 대출받고 몇 년째 상환하지 않은 경주인을 처벌해야 하는 것이 맞지만, 평안 감사가 제시한 방안이 현실적인 해결책이라는 점을 인정하고, 이들의 역가를 각 고을에서 성실히 차감해 가도록 한 것이다.

문제는 경저리가 평안도 각읍에서 첨향미를 대출받은 이유가 무엇이었는지 평안 감사 홍우길의 보고에서 정확히 드러나지 않고 있는 점이다. 보고 과정에서 구체적인 정황이 누락되었을 수 있지만, 경주인이 첨향미를 대출받고 또 상환하지 않은 것은 고을 서리들의 협조가 있지 않았다면 불가능한 일이었다. 따라서 이 사건의 본질은 경주인이 서리들과 공모해 관곡을 식리 활동에 활용하였을 개연성이 높은 사건으로 해석된다. 실제로 19세기 들어 중앙에서는 경주인의 폐단으로 '고리대', '저채邸債'가 자주 언급되었다. 고종 13년(1876) 황해도 추생암행어사抽

推暗行御史로 내려간 김윤식金允植의 별단을 살펴보자.

> 또 한 가지는 '경저리와 영저리가 사채를 친족에게 징수하는 허다한 폐습을 묘당[의정부]으로 하여금 도신에 신칙하여 엄하게 금지시키라'는 것이었습니다. 경저리와 영저리의 빚을 친족에게 징수하는 것은 참으로 요즘만 그런 것이 아닙니다. 죽은 자에게 마구잡이로 징수하고 공금을 전용하는 등의 간교한 폐단이 마구 생겨나 백성과 고을이 다 병드는데도 수령은 오직 듣고 시행하기만 하고 도신은 살펴 경계할 뜻이 없습니다. 법과 기강을 생각할 때 어찌 한심하지 않겠습니까. 이에 의거하여 엄하게 공문을 보내 통렬히 개혁되는 실효가 있게 해야겠습니다.[121]

김윤식이 황해도 추생암행어사로 파견되어 현지 사정을 둘러보고 의정부에 올린 별단 내용에는, 황해도의 경저리와 영저리가 그들의 친족에게 사채의 원곡 및 이자를 징수하는 폐단을 금지시켜야 한다는 내용이 포함되었다. 김윤식은 전에 이미 황해도의 추생암행어사 자격으로 고종을 면대하였을 당시 경주인의 고리대 문제를 보고한 바 있었다.

당시 고종은 경저리와 영저리의 고리대에 관한 폐단을 듣고 김윤식에게 과연 그러한지 상황을 물었고, 김윤식은 이들의 고리대 폐단은 이루 다 말할 수 없으며, 저리뿐만이 아니라 민간에서도 고리대가 성행해 한 도의 백성들이 집안을 망치고 재산을 탕진하는 일이 연달아 발생하고 있다고 보고했다.[122] 김윤식의 별단은 아래 예조좌랑 이두영李斗榮이 고종 19년(1882)에 올린 시폐 상소와 상황이 매우 유사하다. 예조좌랑 이두영은 고향이 황주인데, 앞서 김윤식이 황해도 추생암행어사 자격으로 보고한 내용과 비슷한 맥락으로 황주 경주인의 폐단을 아뢰었다.

> 이른바 경저리가 해당 고을의 잡된 무리들과 결탁하여 차용증을 받고 빚을 꾸어 주는 것이 이루 헤아릴 수가 없습니다. 그러다가 거두어들일 즈음에는 저리배들이 권세가의 청탁으로써 본관에 부탁하는데, 그 독촉하여 받아들이는 상황이 공납公納보다도 심합니다. 원근의 친족에게 사정없이 징수하면서 백성들이 도망가고 흩어지는 것은 생각지도 않습니다. 신이 살고 있는 황주黃州로 말하더라도 매년 받아들이는 것이 거의 4, 5만 냥에 이를 정도로 많습니다. 다른 열읍列邑도 모두 이와 같으니, 먼 고장의 가난한 백성들이 어떻게 살아가겠

습니까. 지금부터는 저리들이 빚을 주는 문제는 공적 인 것 이외에는 절대 주지 못하게 하는 것을 정식으로 삼아 후일의 폐단을 막으소서.[123]

내용을 살펴보면, 경주인이 해당 고을의 잡된 무리들과 결탁해 차용증을 만들어 빚을 꿔 주면서, 상환받을 때에는 권세가의 힘을 빌려 관력을 동원해 백성들을 심하게 독촉해서 받아 낸다는 것이었다. 이두영은 자신이 살고 있는 황주목의 경저리 채전이 4-5만 냥에 이른다고 하면서, 경저리들이 공적인 용도 외에 민간에 채전을 놓는 행위를 금하는 정식을 만들도록 청하였다. 고종 역시 이두영이 시폐로 언급한 네 가지 문제 중 저리들이 빚을 놓는 문제의 심각성을 특별히 거론하며 엄히 신칙하도록 명을 내렸다. 그런데 저채邸債의 문제는 이미 이전부터 민간의 심각한 폐단으로 지목되고 있었다.

1862년 임술민란의 직접적인 이유로 지목된 폐단 중 하나도 경주인의 저채였다. 당시 진주목의 구舊 경주인이었던 양재수는 진주목의 쌀 8천 섬을 돈 2만 4천 냥으로 바꾼 후 그중 1만 4천 냥은 채전으로 가져가고, 나머지 1만 냥은 우조창의 속읍에 나누어 주어 이자를 받아먹다가 철종 13년(1862)에 수거해 감으로써 총 쌀 4,884여 섬의 불법 이자수익을 거둔 것이 드러났다.

또 구舊 경주인 백명규와 이창식도 진주목의 돈을 가져가서 취식하여 불법 수익을 거두었는데, 이들에게 받아야 하는 금액이 각각 쌀 5,385여 섬과 6,047여 섬에 달한 점도 밝혀졌다.[124]

당시 안핵사로 파견됐던 박규수朴珪壽는 둘째 아우 박선수(자: 온경)에게 보내는 편지에, 조사에 참여한 수령들이 이들의 이름(양재수·백명규·이창식)이 적힌 종이조차 똑바로 쳐다보지 못할 정도로 두렵게 여기는 자들이라고 하면서 이 자들의 머리를 장대 끝에 달아 백성들의 마음을 후련하게 풀어 주지 못한다면 남쪽 고을의 소요는 말로 진정시킬 수 없을 것이라고 할 정도였다.[125]

저채는 본래 서울에서 관직생활을 하는 지방 출신 양반이나 서울에 상경한 수령과 향리, 유생들에게 빌려주고 이자를 붙여 받는 돈이었으나, 지방 관곡을 대출받아 고리대를 하는 상황으로까지 저채의 규모가 확대되었다. 임술민란 직후 저채를 받지 못하도록 하자는 의견이 조정에 올라왔으나, 이미 지방수령 및 아전과 긴밀히 결탁되어 있는 저채 운영을 한시에 폐지하기는 쉽지 않았다.[126] 이에 경주인의 저채 문제는 고종 대에 민란의 원인으로 재등장했다.

고종 31년(1894) 1월 동학농민봉기가 고부에서 일어날 당시, 황해도 황주에서는 경주인의 저채를 비롯해 교활한 아전의 침탈, 탐오한 관리의 첩징疊徵으로 민란이 발생했다. 아래의 기사는 고종 31년(1894) 황해 감사 홍순형이, 황주민란의 조사관으로 파견된 서흥 부사 홍종윤의 보고 내용을 의정부에 올리자, 이를 의정부의 조형하가 정리하여 국왕에게 아뢰고 처리 방안을 논한 것이다.

> 조형하가 의정부의 말로 아뢰기를, "방금 황해 감사 홍순형의 장계를 보니, 황주목 백성들의 소요에 대해 조사관 서흥 부사 홍종윤洪鍾奫이 이관석, 이도삼, 이달수, 이재중, 좌수座首 노재선, 호장戶長 박동현이 범한 죄상을 보고한 것을 낱낱이 거론하면서, '민결民結[백성들이 경작하는 토지]을 궁결宮結[궁방이 소유해 면세 혜택을 받는 토지]에 붙여 결세를 내지 않고, 이미 민결로 바뀐 전지는 여전히 궁결인 것처럼 가장하여 결세를 내지 않았으며, 그로 인해 부족한 결세를 다른 민결에 전가하되 일정한 규정이 없이 하여 제멋대로 더 받았습니다. 모두 백성들의 고통에 관계되는 만큼 바로잡아야 할 듯하니, 모두 묘당으로 하여금 품처하도록 해 주소서'하였습니다. 대체로 백성들이 폐단을 바로잡는다는 핑계로 수령을 무시하고 인가를 불태우며 거리낌 없이 날뛰는 것은

억울한 일이 있기 때문이라고는 하지만, 그 법을 무시하는 고약한 버릇은 매우 통탄스럽고 놀라운 일이니, 의당 엄하게 징계해야 할 것입니다. 다만 만약 그들이 간사한 향임이나 교활한 아전의 침해와 탐관오리의 수탈에 시달려 항심을 잃어버리고 어쩔 수 없이 그렇게 하였다면 그 정상을 역시 생각하지 않을 수 없습니다. 우두머리가 되어 소란을 일으킨 이관석, 이도삼, 이달수, 이재중, 이상 4명의 죄수에 대해서는 모두 세 차례 엄히 형신한 뒤에 변원邊遠에 죽을 때까지 정배하되 물간사전勿揀赦前[범죄에 대해 사면령이 내려도 죄를 용서하지 않음]하고, 좌수 노재선과 호장 박동현에 대해서는 모두 엄히 형신한 뒤에 징계하여 풀어 주고, 도망친 간사한 향임 이의건李義建·조병삼趙丙三·지희풍池希豐·박문혁朴文赫·김택승金宅承, 교활한 아전 김치현金致玄·전창준全昌俊·김경로金京老·서울사람 최경일崔景一·경저리 유홍기劉弘基에 대해서는 이미 포교捕校를 보냈으니, 연달아 진영鎭營에 신칙하여 하루빨리 잡아다가 지금까지 훔치고 농간한 재물을 철저히 조사하여 수량대로 독촉하여 받아 내서 해당 백성들에게 돌려주고 모두 엄히 형신한 다음 멀리 정배하고, 전 목사 송재화宋在華에 대해서는 도신이 이미 유사攸司로 하여금 품처하도록 해 달라고 청하였으니, 의금부에서 나문하여 죄를 정하도록 하소서" 하였다.[127]

황주민란은 고종 30년(1893) 겨울과 이듬해인 고종 31년(1894) 초에 걸쳐 황해도 황주목에서 이관석·이도삼·이달수·이재중 등이 주도해 일으킨 고종 대 대표적인 민란이다.[128] 민란의 원인으로, 기사에서 보듯이 황주관아에서 일부 백성의 토지를 궁가의 토지에 편입시켜 결세를 제대로 거두지 않고서, 부족해진 결세를 다른 백성의 토지에 제멋대로 징수하는 문제를 비롯해 20개 조의 폐단이 민란 주동자들에 의해 제기되었다.

20개 조의 폐단이 사료에 구체적으로 명시되지 않아 내용을 파악하기 어렵지만, 민폐를 야기한 향임과 아전, 경저리를 잡아다 훔치고 농간한 재물을 철저히 조사해 수량대로 받아 내도록 한 점에서 관곡의 포흠과 저채의 문제가 포함되었을 것으로 생각된다. 이처럼 경주인들은 19세기 들어 지방의 관곡을 대출받아 저채의 자본으로 쓰면서 관에 제때 상납하지 않는 문제를 야기하는 한편, 지방관을 등에 업고 민간에 높은 이자율로 저채를 운용하는 수탈성을 보임으로써 민란의 원흉으로 지목되고 있었다.

개혁 요지	개혁의 세부 내용
현물 진상제 폐지안	지방에서 진상하는 규정은 일체 혁파하고, 각 지방에서 바쳐야 할 물건 값을 탁지아문에서 타산하여 받아들인 다음 궁내부(宮內府)에 이동하면, 궁내부에서 사서 진배하게 하는 사안.
경저리 및 영저리 불법 저채 금지안	각 고을의 경저리, 영저리들이 빚을 함부로 받는 것과 이자 위에 이자를 더 받는 버릇을 일체 엄격히 금지하고, 만일 추심하지 않을 수 없는 것은 모두 관청에서 규정한 이자율[邊例]대로 시행하는 사안.

표 11 1894년 갑오개혁 당시 경주인·영주인에 대한 개혁안(「의안」)

이에 갑오개혁 당시 군국기무처에서 작성한 「의안」에는 진상제의 혁파와 경주인, 영주인의 저채를 엄격히 금지하는 조항이 포함되기에 이르렀다. 다음은 1894년 8월 18일 군국기무처에서 작성한 「의안」 중 관련 조항이다.[129] 주지하다시피 갑오개혁을 계기로 조선왕조의 재정관서는 탁지아문으로 일원화되었으며, 대동세의 출납과 외방 진상을 관리했던 선혜청 역시 폐지되었다. 주목할 점은 「의안」에 경저리와 영저리의 저채 문제가 포함되어 있는 점이다.

위의 【표 11】에서 보듯이 지방 각 고을의 경저리, 영저리들이 빚을 함부로 받는 것과 이자 위에 이자를 더 받는 습속을 금지하고, 반드시 추심해야 하는 빚은 관에서 규정한 이자율을 적용해 받도록 하는 내용이 담겨 있다. 경저리와 영저리의 저채를 일절 혁파하는 규정까지는 아니지만, 연 2할의 공식 이자율을 넘어서는 저채 운영을 금단하는 내용이 진상제 폐지안과 더불어 의안에 올라왔다는 것은 당시 저채 문제가 지방재정에서 반드시 해결해야 할 구조적인 모순임을 뜻하는 것이었다.

문제는 갑오개혁을 계기로 경주인에게 지급하던 역가 역시 사라지게 된 점이었다. 「의안」이 작성되기 10년 전(1884)만 해도 경주인 역가 지급을 폐지하자는 상소에 유보적인 조치가 취해졌다. 당시 승문원 교검 윤선주의 상소로 관서 각읍의 경주인 역가를 폐지하는 안이 논의되었으나, 평안 감사 김영수가 장계를 올려, '공납公納의 거래에 관한 문첩은 저리가 전적으로 관장하고 있기 때문에 경주인 역가를 혁파하면 폐단을 일으킬 염려가 없지 않으므로, 전대로 거행하는 것이 사리에 합당하다'는 의견을 피력했고, 이로써 역가 지급이 유지된 바 있다.[130] 경주인들이 19세기 말까지 지방의 연락사무소 역할을 하면서 부세 대납과 지방민 접대 등을 담당하고 있었기 때문에, 이들이 저채 문제를 시끄럽게 야기함에도 불구하고 역가를 보전해 준 것이다.

그런데 갑오개혁 당시 군국기무처의 발의로 재정기구가 탁지아문으로 일원화되면서 경주인의 역가 수입은 큰 타격을 입게 되었다. 역가를 지급하는 선혜청이 폐지된 데다가 앞서 살펴보았듯이 경주인의 불법 저채를 금지하는 조항이 발표되었기 때문이다. 주지하다시피 갑오개혁을 통해 지세제도 개혁과

징세기구의 정비, 환곡 및 무명잡세의 혁파를 골자로 하는 일련의 지방재정 개혁안이 발표되었으며,[131] 특히 결호세結戶稅의 도입으로 조세 명목이 단순화되고 정액화됨에 따라 지방의 자의적 수탈이 차단되는 한편, 중앙정부의 예산제도하에 지방경비가 관리·통제되는 재정일원화 조치가 취해졌다.[132] 이에 경주인이 역가를 지급받았던 중앙의 선혜청과 지방의 민고 등이 갑오개혁 이후 폐지된 것이다.

경주인은 대동법 시행 이후 선혜청으로부터 쌀 4-5천 섬의 역가를 받고 있었던 데다가, 지방의 환곡과 민고를 통해서도 각 군현에서 역가를 지원받았기 때문에 갑오개혁 당시의 조치는 경주인의 생존기반을 무너뜨리는 것이었다. 이에 경주인들은 중앙정부에 소장을 올려 역가 지급을 호소하였고, 1895년 내무아문에서 각군에 경저리 역가를 지급하라는 훈령을 내렸다.[133] 아래는 1896년 각도 각군에 경저리의 역가를 지급하도록 내린 훈령의 세부 내용이다.

> 훈령訓令. 각 도道 각 군수郡守
>
> 각군 경저리京邸吏들의 소장에 따르면, "저희들이 을미년도분(1895) 역가役價 일로 호소한 바 있는데, 이번 경장의 때에 수백 년 기업基業이 하루아침에 폐지되어 여

러 해의 빚을 준 것[빚을 내어 부세를 대납한 것]을 하나도 거두어들이지 못한 것이 매우 억울하던 차에 을미년도분 역가를 만약 치러주는 처분을 받지 못하면 원통함이 어떻겠습니까. 각군에 훈령하여 생계를 보전할 수 있게 해 주십시오"라고 청하였는데, 그 상황을 생각하면 마땅히 넉넉히 베풀어야 하기에 이에 훈령하니, 본부의 5등표에 의거하여 각군에 계사년(1893)부터 갑오년(1894) 6월 이전에 구납舊納[과거에 바치지 못했던 조세를 뒤늦게 바침]으로 거두었으나 서울의 경주인에게 보내지 않은 것과 각군에서 서울로 보냈으나 [경저리가] 바치지 않은 항목 중에서 떼어주거나 없애주되 만약 두 가지에 해당 사항이 없는 고을은 관둔전인 아전의 은결[隱結, 숨겨둔 토지]과 각 창고에서 사용하고 남은 것으로 지급하며, 공전公錢이 오고 간 것은 탕감에 들어가니 논할 것이 없으나 사적으로 서로 주고받은 것은 일일이 조사하여 [경주인으로 하여금] 거두게 함이 마땅함.

개開

본부 5등 경비 마련 경저리 역가.

1등 군郡 480냥兩

2등 군 360냥

3등 군 300냥

4등 군 240냥

5등 군 180냥

본 군은 5등 군과 내부內部 5등 군은 같지 않음.

각 도 각 군수.

건양建陽 원년(1896) 9월 10일[134]

각군의 경저리들이 올린 소장에는 갑오개혁기를 맞아 수백 년 이어 온 업을 하루아침에 폐지하여 여러 해 빚을 준 것을 하나도 받지 못한 상황인데, 을미년(1895)분 역가마저 받지 못하면 매우 억울하다고 하소연하면서, 각군에 훈령하여 역가를 지급해 생계를 보전할 수 있도록 청했다. 이에 훈령을 내려 각군을 5등으로 나누어 역가를 지급해 주고, 1893년부터 1894년 6월 전에 경주인에게 미리 받고 갚아 주지 않은 것과 군에서 경주인에게 바쳤으나 경주인이 정부에 상납하지 않은 것을 계산해 처분하도록 하고, 만약 경주인에게 내어 줄 돈이 없을 경우 관둔전과 각 창고의 유재遺在(비축분)를 사용하게 하였다. 또 고을에서 경주인에게 사적으로 빌려 간 것과 지급해야 할 것에 대해서는 조사해 갚아 주도록 하였다.

1896년 훈령에는 각군의 경저리 역가를 1등 군현 480냥부터

5등 군현 180냥으로 차등 배정해 놓았다. 19세기 선혜청에서 지급한 삼남의 경주인, 방자가가 1명당 20-23석(100-115냥, 1섬당 5냥 환산 기준)이었던 점을 감안하면 1개 고을당 최소 200-230냥의 역가가 지급되었을 것으로 추정된다. 여기에 지방 군현별로 역가가 별도 지급되고 있었기 때문에, 위의 역가 지급액은 5등 군현에 속한 경주인에게는 턱없이 부족한 금액일 수밖에 없었다. 문제는 경주인 역가를 지방의 정규세원이 아닌 지방의 관둔곡이나 아전의 은결, 각 창고의 사용하고 남은 금액으로 충당하라는 방침이었다.

> 1897년 3월 27일 5호보. 탁지부의 훈령을 받았습니다. 본군 경저리 황기창이 상소한 바에 의거해, 을미조 역가를 다른 읍의 예대로 5등표에 의거해 지급해 보냄으로써 곤경에 처하지 않도록 하는 것이 마땅한바, 각면 회의장에 두루 순문하였습니다. [각면의 회의장에서] 아뢴 내용 가운데, '경저리 역가를 백성들에게 거두자는 내용은 뜻을 모으기 어려우나, 한 가지 방도가 있기는 합니다. 지난 병신년 각 창고의 전세로 받은 1,019냥 2전으로 학교비 8개월 분량인 679냥 4전 4푼을 제한 나머지인 339냥 7전 6푼이 군에 있으니 이를 지급해 주시기

를 엎드려 바랍니다'라고 하므로, 의론에 따라 보고하며, 훈령 중 5등표는 어떤 기준하의 5등표라는 것인지 밝혀 주시기 바랍니다.

- 군수 구주현 건양 2년 3월 27일[135]

위의 기사는 자산군수 구주현이 본군의 경주인 역가를 학교비에서 남은 금액으로 지급하겠다는 뜻과 역가 지급의 기준인 5등표가 어떠한 기준에 따른 것인지를 탁지부에 묻는 공문이다. 이에 대해 탁지부에서는 경주인 역가를 관둔곡에서 떼어서 주고, 관료의 봉급을 마련하기 위해 을미년에 내려보낸 5등표에 본군은 4등에 해당하므로, 저리 역가 240냥을 계산하여 지급해 주라는 지령을 내렸다.[136] 그런데 탁지부의 훈령에서 경주인 역가로 지급하게 한 재원은 갑오개혁 이후 새롭게 편제된 학교비가 아닌, 지방수령의 비공식 경비로 쓰였던 관둔곡이었다. 관둔곡이나 지방수령의 은결, 창고의 남은 재원은 갑오개혁 이후 정리되어 가던 상황이었기에 경주인 역가 역시 신규 예산항목에 넣지 않고 정리할 경비항목에서 지급하도록 한 것이다.

경주인에게 닥친 위기는 역가 상실만이 아니었다. 갑오개혁 이전 재정관서에 부세를 미리 대납하거나 신임 수령의 예목禮木(인사치레로 바치는 무명)을 바친 후 대금을 받지 못한 경우 지방관아에서 대납액을 회수해야 하는 문제도 골칫거리로 남아 있었다. 아래의 기사를 살펴보자.

> 방금 본읍[양산]의 저리 김응환의 소장을 접수했는데, 말하기를, "앞서 호조에서 본 읍의 경인년(1890) 노세전蘆稅錢 333냥 7푼을 제게 곤장을 치고 가두고는 독촉했습니다. 그렇기 때문에 빚을 내어 대신 감당하고 자문尺文을 받고 내려갔습니다. 그런데 해당 아전은 상납의 중요함을 생각하지 않고 전혀 내어 주지 않았습니다. 또한 계사년(1893) 각 사의 예목禮木 및 갑오년(1894) 2월 새로 제수된 수령의 예목도 모두 대신 감당하였으나, 각 해당 담당자는 '민고가 혁파되었다'라고 하면서 또한 구별할 뜻이 없었습니다. 특별히 관문을 보내어 하나하나 찾아 주십시오"라고 했습니다. 상납과 예목을 저리가 대신 감당했는데도 어찌 액수대로 줄 생각을 하지 않는단 말입니까? 도착하는 즉시 엄히 지시해서 하나하나 찾아 주고 다시 하소연 하는 폐단이 없게 하는 것이 마땅할 것입니다.
>
> – 양산梁山 을미년(1895) 4월 12일[137]

양산 경주인인 김응환이 낸 소장을 보면, 호조에서 고종 27년(1890) 노세전 333냥 7푼을 경주인에게 독촉하면서 곤장을 치고 가두기에 빚을 내 바친 후 자문尺文(영수증)을 받고 내려갔으나 양산의 아전은 이를 갚아 주지 않았고, 고종 30년(1893)과 고종 31년(1894)의 예목도 모두 경주인 자신이 감당했으나, 양산의 아전은 갑오개혁 이후 민고民庫가 혁파되어 갚아 줄 수 없다고 하므로, 탁지부에서 양산읍에 관문을 내려보내 갚아 주라는 형을 내려 달라고 하소연하는 내용이 담겨 있다. 탁지부에서는 이에 대해 엄히 지시해 경주인이 손해 본 노세전과 예목가를 상환해 주도록 지시했으나, 이미 민고가 혁파된 상황에서 경주인이 지방관아에서 대금을 상환받기는 매우 어려운 상황이었다. 그러나 이러한 상황은 양산 경주인 김응환에게만 국한된 것은 아니어서 갑오개혁 이후 작성된 공문편안에는 이와 비슷한 경주인들의 호소가 중앙에 다수 보고되고 있었다.

이처럼 갑오개혁 이후 정규 예산에 경주인 역가가 반영되지 못하게 되자 경주인들은 지방의 토지를 불법 점유하는 수탈적 면모를 보이기도 했다. 고종 31년(1894) 갑오승총이 시행되면서 왕실의 궁장토뿐 아니라 각 영문, 아문의 둔토에 대한 면세 특권이 폐지되고, 1895년에는 역토驛土(조선시대 각 역의 운영경비로 떼어 준 면세지)를 조사하여 국유지화하는 일련의 토지 및 지세 개혁이 추진되었다. 경저리들은 지방의 부세 대납 업무를 빙자해 흉년에 농민들의 토지를 싼값에 매수하는 한편, 정부에 귀속된 역토를 매수해 사유화하고자 했다.

전자는 전남 나주 궁삼면(지죽면·상곡면·욱곡면)의 사례가 대표적이다.[138] 고종 25년(1888)부터 고종 27년(1890) 사이 나주목에 극심한 한발로 흉년이 들어 나주민들 중 떠돌아다니는 자가 많아졌고 이로써 농사짓지 않는 '무망답無望畓'이 1,400마지기(1마지기=200-300평)나 발생하게 되었다. 그런데도 나주 목사 김재식이 '무망답'에 대해 3년간 결세·호세·잡비의 미납금 합계 14,000원을 남아 있는 나주 농민들에게 전가하자, 경주인 전성창이 미납된 부세를 대납해 주는 대신, 나주에 내려와 지죽면, 상곡면, 욱곡면의 무망답을 고가로 매수한 뒤 이를 경우궁景祐宮 소속 궁장토로 만들어버렸다. 전성창은 여기서 그치지 않고 남아 있는 농민의 토지에 대해서도 이들이 내지 않은 미납 결호전이 있다고 거짓으로 속이고 이를 대납해 주는 대가로 토지문기를 받아서 이 역시 경우궁에 귀속시켰다. 나주군 농민들의 토지를 궁장토로 전환시키고 자신은 궁장토의 실질 소유자인 중답주中畓主가 되어 농민들에게 지대를 거두려한 것이다. 결국 1894년 나주 군수 민종열에게 경저리의 불법적인 도조 징수를 탄원하는 문서가 올라가 진상조사가 이루어졌다.

한편 경저리들은 역둔토驛屯土(역과 군아문 경비를 마련하기 위해 마련된 둔토) 조사가 시행된 1895년 이후 역참에 속한 토지를 불법 침탈하는 데에도 간여했다. 주지하다시피 을미개혁 당시 역참제도가 폐지되어 역참에 귀속돼 있던 토지가 중앙정부로 귀속되었는데,[139] 이 과정에서 경주인들이 역리들과 짜고 역토를 사유화고자 했다. 아래 기사를 살펴보자.

> 보고서 제3호. 본월 4일 전찰방 김영선이 보내온 보고서 내에, 충청도 홍주부에 소재한 금정역의 역리 김원조, 이문회, 최상순 등 3명이 해당 역의 보방청, 급량청 양청 소속 전답을 재작년 조사할 때 공토公土로 붙여 놓았다가 이제 와서 뇌물을 주고 돌려놓고자 당오전 1만 냥을 가지고 와서 미동의 전 경저리 윤광헌 집에 머물고 있으니, 이들이 도모하는 토지는 공토로 귀속되었는바 이미 조사를 거친 토지이니, 어찌 뇌물을 써서 도로 찾을 수 있겠습니까. 의도를 의심하지 않을 수 없어서 해당 역의 역리 3명과 전 사판위원 손승용, 발고인 김영선을 다음에 조사해 보니 공초에 모순이 많아 진위를 판단하기 어려울 뿐 아니라 발고인 김영선이 여기저기 농간하지 않음이 없어 공안을 보내고 이에 보

고하니 당해 역토의 공사公私를 명백히 밝혀 보이시어 향촌의 우매한 백성이 가산을 탕진해 한탄하는 상황을 면할 수 있도록 힘써 주시기를 바랍니다.

독무사 김재풍

배부 역체소 국과

의정부찬정농상공부대신 이윤용 각하

건양 2년 3월 8일

접수 건양 2년 3월 8일 제 호[140]

위의 기사에서는 전 경주인으로 표현되어 있고 역토의 환수에 경주인이 직접적으로 관여한 정황이 확인되지 않지만, 이들이 머문 윤광헌 집은 전에 경저리를 지낸 자로서, 금정역의 역리와 이해관계를 같이 하는 인물이었을 것으로 짐작된다. 또 윤광헌을 전 경저리로 표현한 것은, 갑오개혁 이후 경주인역을 더 이상 수행하기 어려워졌기 때문이었을 것으로 짐작된다. 역가 지급이 단절되고 지방의 저채도 운용할 수 없는 상황에서 윤광헌은 금정역의 역리들과 뇌물을 써서 역토를 환수하고자 한 것이다.

이처럼 갑오-을미개혁기 경주인의 경제기반이 급격히 악화되어 간 가운데, 경주인들 중에는 부세 대납과 위탁판매업을 해

왔던 경험을 살려 서울집에서 여객주인화해 간 이들도 있었다. 1924년 『동아일보』를 살펴보면, 채무에 관한 법률상담 내용이 나오는데, 13년 전 경성에 출장 온 을乙, 병丙 두 사람이 경주인 갑甲에게 물품을 지급받은 데 대한 채무를 지게 되었는데, 채무자 중 을이 사망해 경주인이 을의 상속인 토지로 대금을 변제받을 수 있는지에 관한 것이었다. 이를 통해 보면, 경주인들 일부는 서울에서 객주업에 종사하며 생활하였던 것으로 짐작된다.[141]

요컨대, 경주인들은 갑오개혁기 궁방전과 역둔토의 국유지화 과정에서 부세 납부의 어려움을 겪는 농민의 토지와 국유지로 편입되기에 이른 역둔토를 매입하는 데 적극적인 행보를 보였다. 갑오-을미개혁을 통해 조선시대 부세 행정에서 누리던 중간 수익을 잃게 되자, 정부에 부세 대납 및 역가 미수분을 요구해 당당히 받아 내는 한편, 개혁과정에서 야기되는 혼란을 틈타 지주로서 자산을 늘리고 서울 집을 기반으로 여객주인업을 이어감으로써 20세기 전반까지 경제적 부를 누렸다. 그리고 이를 바탕으로 양반 가문과의 혼인을 통해 신분을 상승을 꾀하였다.

1906년 6월 2일(양력 8월 25일) 『대한자강회월보』 2호에 정운복鄭雲復이라는 자가 '관존민비官尊民卑의 폐해'에 대해 연설한 내용에는 20세기 초 경주인의 사회적 위상을 단적으로 파악할 수 있는 내용이 담겨 있다.

경저리가 쌀·동전·삼베·무명, 각색 물종을 와서 바치고서 마침내 부귀한 가문이 되자 마음속에 또 스스로 맹세하기를, '벼슬하는 양반과 혼인하지 않은 놈도 소아들이다'라고 하였다 하니, 이 일화를 미루어 보면 가히 관인의 지위가 높고 귀함을 알 수 있다. 이 때문에 무릇 이 나라에 태어난 자는 우매하고 현명하고 불초함을 물론하고 어린아이 때부터 커서 하고자 하는 바를 물으면, 크게는 정승판서요, 그다음은 수령방백이오, 그다음은 협판국장이오, 그다음은 주사, 참봉, 차함 등 각종 벼슬이 큰 목적이 됨이라.[142]

내용인즉, 당시 경저리들은 쌀·동전·삼베·포목과 각색 물종을 바친 뒤 마침내 부귀한 가문이 되어서는 마음속에 반드시 양반과 혼인하려는 마음을 먹고 있다는 것이다. 당시 세간에서 경주인을 부세 대납으로 돈을 번 후 양반과 혼인해 신분 상승을 꾀하는 부류로 인식하고 있었음을 보여 주는 대목이다.

19세기 이래 경주인은 기존의 역가에 만족하지 않고 관곡의 포흠과 저채의 운영을 통해 자체 수익을 늘려 갔다. 급격한 대내외의 정세변화 속에서 경주인들은 지방에 내려가 아전들과 짜고 환곡을 이용해 고리대를 놓음으로써 불법 수익을 거두는 한편, 지방관부에 호소해 역가를 추가로 확보해 갔다. 경주인의 이 같은 행위에 지방관부 역시 방관 혹은 협조적인 태도를 보였는데, 이는 앞서 언급했던 것과 같이 중앙과 지방의 관료 행정에서 이들이 차지하는 역할을 외면할 수 없었기 때문으로 이해된다. 중앙정부는 경주인과 같이 관료 행정의 최말단에 복무하는 중간 계층의 역가를 최소한 보전해 주는 선에서 국가 경상비를 타이트하게 유지하고자 한 반면, 이들은 항상적인 관부의 경제 침탈을 만회하기 위해 중앙에서는 도고상업을 통해 유통 수익을 꾀하는 한편, 지방에서는 예산 항목에 자신들의 역가 지급을 관철시키고, 지방곡을 포흠해 저채를 운영하는 중간 수탈을 감행하였다.

반관반민半官半民의 중간자로서 오랜 기간 생존해 온 경주인들은 지방의 농민들처럼 흉년 시 세금 감면의 혜택이나 진휼의 시혜를 입기보다는, 국역을 수행하는 과정에서 양반관료와 지방 사족에게 침탈당하기 일쑤였다. 경주인들의 생존방식이 19세기 들어 이처럼 수탈적 면모를 띠게 되는 이유도 여기에 있지 않을까 한다. 결국 19세기 민란은 양반관료제와 현물재정을 음성적으로 뒷받침해 온, 경주인·향리와 같은 중간층이 조선왕조의 행정-재정시스템에 균열을 가하는 수탈성을 드러냄으로써 농민들에 의해 대규모 항조-거납 운동으로 발화된 사건으로 이해할 수 있을 듯하다. 그러나 이러한 경주인의 수탈적 경제활동 역시 갑오개혁을 기점으로 막을 내리게 되었다.

종래 역가를 지급하던 선혜청이 폐지되어 재정기구가 탁지부로 일원화되고, 경주인 불법 저채도 금지되었기 때문이다. 경주인들은 정부에 항의해 일시적으로 미수된 역가와 대납한 부세 자원을 환수받았으나, 기존의 이권을 유지하기는 힘든 구조가 되었다. 이에 경주인들은 새로운 시대에 살아남기 위한 생존방식으로서 서울에서 여객주인업을 이어 가는 한편, 토지 매득에 적극적인 행보를 보였다. 이들은 갑오-을미개혁 당시 토지 및 지세개혁의 과도기적 혼란을 놓치지 않고, 지방민의 부세 대납을 빙자해 농민들의 토지를 빼앗고, 이를 궁가에 귀속시켜 중답주화되거나, 정부에 귀속된 역토를 환수해 사유화하고자 애썼다. 이로써 신분제가 폐지된 후에도 경주인은 자신이 축적한 부를 바탕으로 사회적 신분 상승의 욕구를 외부로 분출하고 있었다.

마지막으로 경주인과 함께 중앙-지방 간 연락사무를 맡았던 경방자의 최후를 언급하는 것으로 이 글을 마치고자 한다. 사료상에서 경주인은 그들의 권리를 지켜 내기 위해 부단히 애쓴 흔적이 엿보이지만, 경방자는 편년사료나 일기자료에 간간이 그 행적만 확인될 뿐 어느 곳에서도 자신의 목소리를 내고

그림 11 개항기 우체부 모습, 위키미디어에서 전재

있지 않기 때문이다. 경방자 역시 갑오개혁기 선혜청이 폐지되고 역가 지급이 중단된 후부터 점차 그들 다수가 역에서 이탈해 갔을 것으로 생각된다. 더욱이 을미개혁 당시 「국내우체규칙」(1895)[143], 「국내전보규칙」(1896)[144]이 차례로 반포되어 전통적인 봉수제와 역참제가 폐지되고 역토 역시 국유지로 환수됨에 따라 역토의 재원으로 운용되었던 말과 역리·역졸의 급여도 사라지게 되었다. 이 과정에서 파발을 대신해 공문을 전송할 일시적인 공문체전부公文遞傳夫가 운영되다가 우체사 관제가 지역적으로 확대되어 공적, 사적 문서송달 체계가 정비되면서 우체기수

郵遞技手, 우체기수보郵遞技手補와 같은 정식 직원이 실질적인 문서송달을 책임지게 되었다.[145]

이러한 근대적 공문 송달 시스템은 우체사 관제가 마련된 후 몇 달 지나지 않아 을미사변이 야기되고 명성황후 국장을 위해 각읍에 보내는 공문서 행정에 곧바로 적용되었다. 당시 궁내부에서 고종에게 공문 전달 방식을 상주한 내용을 살펴보면, '국휼 시 공사는 이전 시기 전부 파발로 행회行會했으나, 지금은 행회하는 것을 조금도 늦출 수 없는 데다가 파발도 이미 폐지되었으니, 경외의 각 고을에 통지하는 공사는 우체로 부쳐서 행하자'는 안을 올렸고, 고종은 이를 곧바로 승인했다.[146]

이처럼 근대식 우편제도의 도입으로 조선시대 물자·정보를 수송하는 봉수 및 역참제도가 폐지되고 공문서 전달 역시 우편과 전보, 전화로 대체되는 시대적 변화 속에, 중앙과 지방을 실핏줄처럼 이어 주던 경방자의 역할은 역사 속에서 사라지게 되었다.

주석

1. 한글학회, 『조선말 큰사전』, 을유문화사, 1957, 2798쪽.
2. 경강주인과 여객주인은 모두 서울에서 상품의 보관 및 위탁판매에 종사하는 상인층을 의미하는 것으로 이해되고 있으며, 경강주인을 경강 여객주인으로 부르기도 한다. 단, 여객주인을 객주라고도 부르는데, 이는 개항 이후에 부르던 용어이다. 여객주인에 대한 용례 검토는 조영준의 논문을 참고할 수 있다. 조영준, 「조선 후기 旅客主人 및 旅客主人權 재론: 경기·충청 庄土文績의 재구성을 통하여」, 『한국문화』 57, 서울대학교 규장각한국학연구원, 2012, 4-5쪽.
3. 문경호, 「여말 선초 조운제도의 연속과 변화」. 『지방사와 지방문화』 17, 역사문화학회, 2014 참조.
4. 박도식, 『조선 전기 공납제의 운영』, 태학사, 2015, 1장 참조.
5. 『세조실록』 권38, 세조 12년 2월 22일(갑오).
6. 경강주인에 대해서는 고동환의 연구를 참고할 수 있다. 고동환, 『朝鮮後期 서울 商業發達史研究』, 지식산업사, 1998.
7. 『목민심서』 호전 5조, 평부.
8. 『일성록』 정조 3년 11월 30일(경술), "戶曹判書 金華鎭啓言 京畿陸運稅穀 各邑守令躬自領民 歲前來納 自是定式 而近來忸翫成習 人不畏法 倉底居民中 定出倉主人名色 只送色吏 使之眼同捧納 故所謂倉主人."
9. 『일성록』 정조 13년 4월 27일(계축), "又啓言龍山江倉底募民崔始興等上言以爲渠輩世居江上他無生利之道只於船隻到泊卸下之時略受雇價擔負資生大抵往在萬曆戊申宣惠內倉設置於京中元無募民之事逮至順治丁酉又設外倉於江邊無人處自惠廳招募江民作爲役人後三南稅船泊京江則擔負卸下受食雇價庫舍墻垣隨毁修築掃雪除草晝夜守護等役無價替當自惠廳成節目入啓蒙允無弊擧行矣." 宣惠倉募民契에 대해서는 다음의 논문을 참고할 수 있다. 田川孝三, 「李朝後半期に於ける倉庫勞動者の一例: 宣惠倉募民の場合」, 『アジア史研究』 3, 白東史學會, 1979; 김동철, 「18세기 坊役制의 변동과

馬契의 성립 및 都賈化 양상」, 『한국민족문화』 창간호, 부산대학교 한국민족문화연구소, 1988; 고동환, 앞의 책, 1998.

10 『임하필기』 권21, 「文獻指掌編·金堉行狀」.

11 『학봉선생문집』 권3, 「請遇災修省箚」.

12 이 외에도 조선후기 성균관 반촌에서 숙박업을 하던 '반주인'이나 지방관아 인근에 머물며 하부 행정을 지원하던 '읍주인', '면주인' 역시 이러한 주인이 분화된 형태로 이해할 수 있다.

13 박평식은 주인층을 조선시대 물류유통체계에 관여하는 상업세력으로 보았으며(박평식, 「조선전기의 주인층과 유통체계」, 『역사교육』 82, 역사교육연구회, 2002 참조), 이광린도 경주인을 '조선시대 중앙과 지방과의 연락을 담당하던 여객주인'으로 정의했다(이광린, 「京主人硏究」, 『인문과학』 7, 연세대학교 인문과학연구소, 1962).

14 『고려사』 권118, 「열전·조준」.

15 기인제도에 있어서는 다음의 연구를 참고할 수 있다. 이광린, 「기인제도의 변천에 대하여」, 『학림』 3, 연세사학연구회, 1954; 김성준, 「기인의 성격에 대한 고찰」, 『역사학보』 10·11, 역사학회, 1958-1959.

16 조선 후기 기인층의 땔감공인화 과정은 최주희의 연구를 참고할 수 있다(최주희, 「17-18세기 왕실·정부의 연료 소비 증대와 땔감 조달 방식의 변화」, 『역사와 현실』 94, 한국역사연구회, 2014c).

17 한우근은 경주인이 조선 후기 공인으로 전환되었다고 보았으나(한우근, 「조선후기 공인의 신분: 대동법 실시 이후 공납청부업자의 기본성격」, 『학술원논문집 인문사회과학편』 5, 대한민국학술원, 1965, 8-9쪽), 김옥근은 경주인의 역할이 공인과 다르고 이들이 지급받는 역가도 공가와는 성격이 다르므로 경주인을 공인과 구분지어 이해해야 한다고 보았다(김옥근, 『조선후기 경제사 연구』, 집문당, 1977, 173쪽). 이러한 견해 차이는 德成外之子의 논문에서 지적된 바 있는데, 자신도 경주인을 '가장 광의의 공인으로 볼 수 있겠다'는 의견을 피력하였다(德成外之子, 『朝鮮後期 貢物貿納制와 貢人役價』,석사학위논문, 고려대학교, 1983, 142쪽). 이 같은 논의는 대동법 시행 이후 경주인의 역가를 대동세로 지급하게 된 변화를 어떻게 이해할 것인가 하는 문제의식에서 비롯되었다. 왕실, 정부관서에 물품을 조달하는 공인 외에도 대동세를 지급받는 기인·장인·주인층이 다수 존재했기 때문에 이들을 다 같은 공인으로 볼 수 있을 것인지에 대한 의견 차가 나타난 것이다. 따라서 논의의 초점은 이들이 공인과 유사한 상인층으로 전환되었는지 여부가 아니라, 정부가 대동세를, 조달상인들에게 공물가로 지급하였을 뿐 아니라 여타 역인들에게도 역

가의 형태로 지급한 이유가 무엇인지에 맞추어져야 한다. 이 점이 설명되어야 조선 시대 공인을 비롯한 다양한 층위의 상인층의 성격도 정확히 이해할 수 있다. 대동법은 단순히 공물을 토지세로 전환시킨 변통안이 아니라, 국역을 수행하는 역인층에게 급료를 지급하여 국역을 안정시키고자 한 개혁안이었다. 이러한 관점에서 보면 경주인이 지급받은 역가와 조달상인이 지급받은 공물가는 모두 국역의 반대급부로 이해할 수 있으며, 경주인, 공물주인 모두 국역체제하에서 정부의 재정물류를 책임지던 자들로 규정할 수 있다. 상인의 실체는 이러한 주인층의 분화에서 그 역사적 기원을 찾아야 할 것이다.

18 최주희, 「17-18세기 중반 중앙정부의 各司員役 감축 노력과 그 의의」, 『조선시대사학보』 94, 조선시대사학회, 2020. 영조 32년(1756) 「各司員役存減別單」(병자년 별단)이 작성되었는데, 별단에 수록된 각사 원역의 수는 3,186명이었고, 이 중 서리·서원수는 1,221명이었다.

19 본 분류체계는 이광린(앞의 논문, 1962)이 제시한 방식을 참고해 정리한 것이다.

20 「이재선생연보」, 황윤석, 『국역 이재유고 I』, 박순철 외 옮김, 신성출판사, 211쪽.

21 『이재난고』 을유년(1765) 3월 23일(무술), "轉入西小門內大貞陵洞 訪興德京主人 不知其家所在 因向水閣橋李主簿景儉家 則李適不在 宋守門將受由南歸 有適逢金注書子三於厥處 書小紙以未遇主人之意 分付小婢而出 問諸其廊廬人 覔本邑京主人 則歷歷詳指 自水閣橋北邊 向西小門三街 訪興德京主人金斗奎 果然捷得其家 人其門 則本邑戶籍色吏姜晋鎬 適以磨勘事來住 將以明日間南歸 故作家書付之 又出本邑私通文字示主人 約以再明日作標紙 付小奴來覔錢文 斗奎頗 伶俐可愛 餽余若干飮食."

22 『이재난고』 병술년(1766) 4월 1일(경자).

23 『이재난고』 무자년(1768) 10월 21일(을해); 무자년(1768) 12월 6일(경신).

24 『이재난고』 을유년(1765) 3월 25일(경자), "曉作書 送居平洞金泰仁家 因付正草價五錢以覔正草 又作小紙書 送大貞陵洞西小門內 三巨里東邊 興德京主人金斗奎家 出債五兩以來 又出四兩錢 付墨金 使買青帶二條 石鏡 眼鏡 各一件."

25 『이재난고』 병술년(1766) 4월 4일(계묘), "曉晴 往新門外 訪本倅李使君 [福遠] 門外通剌 李文彦偕焉 先問家書來否 又請令京主人出債錢資費 旣受饌出門外 適聞本邑官隷一人 以今日下去 出家書于袖使之傳去."

26 『이재난고』 경인년(1770) 1월 3일(신사), "朝前 陪使令 又進奉饌 令尋陳錫源 去留於京主人 及居平洞旅客主人宋姓家 聞渠必來謁直中告歸受書云."

27 『연산군일기』 권56, 연산군 10년 10월 13일(경오).

28 『청대일기』 권8, 병인년(1746) 6월 5일.

29 『노상추일기』 계축년(1793) 10월 초 9일(기사).

30 『노상추일기』 계축년(1793) 10월 초 10일(경오).

31 『노상추일기』 계축년(1793) 10월 초 11일(신미).

32 『공폐』 「팔도경주인」, "京主人策應各司公事 日不暇給 別星本官新差 則跟隨而已."

33 전경목, 「조선후기 지방 명문 출신의 관리와 경아전의 관계망」, 『장서각』 30, 한국학중앙연구원, 2013 참조.

34 최주희, 「18세기 전반 宣惠廳의 재정운영 양상: 同春堂 後孫家 所藏《消遣法》을 중심으로」, 『고문서연구』 47, 한국고문서학회, 2015, 6-7쪽 참조.

35 고문서 왼쪽 상단의 '관'은 군수 이하 현령, 현감이 부임하는 고을에서 쓰는 착관이기 때문이다.

36 『일성록』 정조 24년 3월 24일(갑술).

37 『공폐』 「경기경주인」, "一新官堂參通八道以吏曹丹骨書吏擔當而畿邑 則以貧殘京主人擔當擧行極爲難支事. 一本官新差後各司禮木難支事 一各邑守令赴擧上京時以議政府試暇禮木難支事. 一解由作紙段戶兵曹則解由成出時爲由吏者持納 而至於吏曹則守令辭 朝之日星火徵督於邸人 此後則使由吏備納之意定式事. 以上四條內 政府試暇禮木 則守令請暇上來時 使之措備來納 吏曹堂參及作紙各司禮木 則守令辭朝下去後亦令自官備送 而至於政府吏曹各司之橫侵邸人一款各別禁斷 如有犯者 當該郞廳從輕重論罪 吏隷移法司科治."

38 노문의 양식에 대해서는 송철호의 논문과 『한국고문서입문』 2에 수록된 노문 형식에 대한 설명을 참고할 수 있다(송철호, 「조선후기 논문에 관한 연구: 《路文式例》와 문서양식을 중심으로-」, 『고문서연구』 40, 한국고문서학회, 2012). 『한국고문서입문』 2의 노문에 대한 설명을 요약하면 다음과 같다(김봉좌 외, 『한국 고문서 입문 2』, 국사편찬위원회, 2021). 조선시대의 공무여행자는 여행 전에 부험(符驗)과 문서를 발급받아 소지한 채 이동하였으며, 이때 부험과 문서는 이동 경로에 위치한 각 고을과 역에서 여행자의 신분을 증명하고 그에 합당한 숙식과 마필을 제공받기 위한 목적으로 사용되었다. 또한 행차 관원은 미리 일정을 통보하는 문서를 경유하는 각 고을에 미리 발송하였는데, 이것이 선문(先文)과 노문(路文)이다. 선문은 보통 관인을 찍지 않고 관례적으로 사용되면서 폐단을 야기했는데, 이 때문에 영조 대 선문을 고쳐 노문을 사용했다. 선문과 노문에는 아전

사이에 주고받는 개인적인 편지 등을 붙여 함께 발송하기도 하였다. 한편 부험으로 마패를 소지한 공무여행자는 지방의 각 역에서 역마를 지급받을 수 있었다.

39 『승정원일기』 2,648책, 철종 13년 2월 16일(기사).

40 "[缺落] 爲知悉擧行事 新除授吉州防禦使使道教是 今三月初二日 自京離發赴任爲去爲去乎所經列邑踰嶺越川時藍輿軍及侵夜時火具等節 一一預先探知準備擧行爲有矣 俾無晩時抵罪之地爲宜馳通 同治元年 月 日 京主人 申 手決."

41 영흥과 초원역 사이에 숙소에 대한 내용이 빠져 있는데, 이를 고려하면 18박을 한 셈이 된다.

42 備邊司 編, 『筵稟節目』(奎12529). 해제에는 「연품절목」이라 했지만, 책 제목에는 「備邊司筵稟後擧行節目」으로 되어 있고, 동복현에서 바친 것으로 적혀 있다.

43 임성수, 「조선후기 녹봉제(祿俸制) 연구」, 『동방학지』 169, 연세대학교 국학연구원, 2015 참조. 임성수에 따르면, 조선후기 관료들의 녹봉은 四孟朔에서 月俸制로 전환되는 한편, 녹봉의 액수는 전기에 비해 줄어든 것으로 파악된다.

44 『비변사등록』 176책, 정조 14년 4월 27일.

45 『南原縣牒報移文成册』 영조 11년(1734) 12월 21일.

46 『승정원일기』 121책, 효종 2년 10월 9일(계축).

47 조병로, 『한국근세 역제사 연구』, 국학자료원, 2005, 3장 참조.

48 『선조실록』 권93, 선조 30년 10월 23일(경진).

49 『승정원일기』 17책, 인조 5년 1월 20일(무자).

50 『속대전』 권6, 「공전·교로」.

51 『비변사등록』 7책, 인조 20년 2월 21일.

52 『비변사등록』 48책, 숙종 20년 윤5월 21일, "兵曹啓曰 凡傳關之規 嶺南及北路則有步撥 兩西則有撥馬 江原道及湖南·湖西則道里不遠 且有京房子文書傳送之路…."

53 『승정원일기』 283책, 숙종 7년 5월 5일(정사).

54 『승정원일기』 717책, 영조 7년 1월 10일(갑술).

55 『비변사등록』 164책, 정조 6년 3월 13일.

56 『승정원일기』 823책, 영조 12년 4월 4일(무진). 사헌부 지평 황상로의 상소에, 자신의 아버지인 故 황하신이 경종 3년(1723) 무렵 이웃에 살던 선비 남중로와 대화하면서 남중로가 언급한 내용 가운데경방자에 관한 일화가 소개되었다.

57 『승정원일기』 64책, 인조 16년 3월 20일(계미).

58 『승정원일기』 659책, 영조 4년 4월 3일(계미).

59 『공폐』 「팔도경주인」, "一各道京房子便同步撥 而設立本意以備不虞之用也 至以戊申言之 猝當搶攘莫重時急命令捨死擧行 而當初設立時 京房子不出十里外事節目啓下 故曾無行下之事矣 近來行下尤甚 或借去二三日 程或永定使喚 或造家築墻 故雇人定送 不勝支當是白置 依事目嚴禁事."

60 『貢價』(奎19515) 11책, 방자계 참조.

61 『미암일기』 권9, 신미년(1571) 3월 2일; 신미년(1571) 3월 3일.

62 『명종실록』 권6, 명종 2년 윤9월 5일(계미).

63 『청대일기』 권8, 병인년(1746) 7월 6일.

64 『청대일기』 권8, 병인년(1746) 10월 초2일.

65 『승정원일기』 91책, 인조 23년 5월 22일(계묘).

66 『세종실록』 권10, 세종 2년 11월 7일(신미).

67 『비변사등록』 109책, 영조 17년 11월 18일.

68 『남원현공사』 영조 12년(1736) 5월 20일.

69 『가림보초』 영조 14년 10월 9일, 순영에 올린 보고 내용 참조.

70 『승정원일기』 581책, 영조 즉위년 12월 1일(경오).

71 『승정원일기』 606책, 영조 1년 12월 13일(병자).

72 『승정원일기』 1,995책, 순조 11년 3월 20일(무진), "全羅道·公忠道京主人等以爲 凡係邸弊 近益滋甚 各司或稱曲會 或稱婚喪需 勒令督納 而如或未及 則杖囚備至 疏廳求請 非但邑倅而已 鄕校書院, 竝爲發簡 日事督納 故畢竟備納後 下往本邑 欲爲收捧 則十之八九 仍爲見失 各樣上納之未及上來 各司徵捧於邸吏 其所難支 不一而足 自京替納與浮費等錢 旣不得推尋 仍作爲舊債 此乃一大痼瘼 此後則上納愆期 關飭本道 各司徵索 疏廳求請 竝依節目嚴禁事也. 各邑邸吏之弊 昔在先朝 洞燭其矜惻之狀 嚴飭廟堂 節目斑斑 則各處侵責 又復如前者 誠極痛駭 申明舊式 嚴辭甘飭 而至於疏廳求請之嚴督 反有甚於公家 如是嚴飭之後 若復犯科 則當該儒生 隨聞重繩 各司上納 自有期限 而近來愆期之弊 或不無該邑之稽緩 該色邸吏 亦自中間掩置者 比比有之 不可以一例設禁 虛實相蒙 若其上納之未及上來 而渠自擔當 不得推尋 而仍作舊債者 隨其顯發 令該司 論勘該守令之意分付 何如 傳曰 允."

73 『승정원일기』 10책, 인조 3년 10월 20일(을미), "平安道京主人房子京婢等, 皆置之京中 使之造家居生 故官吏及百姓之來京者 莫不寄留於此 兵衙門大小公事 亦莫不由此而

往來者 例也 自亂後公事 皆由撥上來往 而京主人等役 則備局下人防立之 如宗親府忠勳府弘文館等上司衙門 若有所送文移 侵責極重 防立者 則能支吾一年所受之價幾至二同 各官不得已頒定於民結而給之 京主人等 三名雖不可專廢 只定一名 以爲存軍之意 而餘皆罷去 事定後復舊施行 何如 上曰 雖不可專廢 而從便減下 使內外均好 可也."

74 당량의 성격에 대해서는 최주희의 논문을 참고할 수 있다(최주희, 「16세기 말-17세기 전반 唐糧의 성격에 대한 검토」, 『조선시대사학보』 89, 조선시대사학회, 2019).

75 윤용출, 『조선후기의 요역제와 고용노동』, 서울대학교출판부, 1998, 3장 모립제의 성립과 전개 참조.

76 최주희, 「광해군대 京畿宣惠法의 시행과 선혜청의 운영」, 『한국사연구』 176, 한국사연구회, 2017 참조.

77 최주희, 『조선후기 宣惠廳의 운영과 中央財政構造의 변화: 재정기구의 합설과 지출 정비과정을 중심으로』, 박사학위논문, 고려대학교, 2014a, 55쪽.

78 德成外之子는 그의 논문(앞의 논문, 142-146쪽)에서 조선 전기에는 경주인 역가를 전세 조공물로 상납해 올렸다고 보았으나, 도마다 역가 책정 방식에는 차이가 있었던 것으로 생각된다.

79 『충청도대동사목』 8조.

80 『충청도대동사목』 30조, "一 道內官屬數少之邑 則京主人房子雇立之價 不得專責於貧殘官屬 未免責徵於民結 此爲難堪之巨弊 京主人房子等 自本廳題給價雇立 每一名各給十五石以爲一年立役之資 勅使時都監所捧京婢房子價木 亦自本廳直爲移送 勿令責徵於各邑 而至於樂工奉足段置 官奴亦不能獨當 例多侵及於民結 故因本道監司狀啓以閑丁加定二名 歲收價布各三匹 使之上納於本院 以除民結出米之弊爲白有置 依此定式爲白齊."

81 京主人房子價는 '경주인과 방자를 고립하는 값' 혹은 '경주인의 방자를 고립하는 값' 두 가지로 해설될 여지가 있으나 경주인과 방자 모두 애초에 고을에서 차출해 올려 보낸 자들이고, 강원도의 경우 경주인과 방자의 역가를 구분해 놓은 것에서 볼 수 있듯이 경주인도 방자와 마찬가지로 역가를 지급 받는 자들이었을 것이기에 전자의 해석을 따랐다. 이광린도 전자의 의미로 해석했다(이광린, 앞의 논문, 1962, 260쪽).

82 조선 후기 품관의 녹봉은 조선 전기에 비해 크게 줄었다. 조선 전기 四孟朔頒祿制는 정부의 재정 부족으로 인조대부터 월마다 녹미를 분할 지급하는 산료제로 전환되기 시작했고, 숙종 21년(1695)에는 산료제가 정착되어 조선말기까지 유지됐다. 산료제

의 시행으로 조선 후기 품관이 받는 녹봉은 인조 대 이미 조선 전기에 비해 절반으로 줄어들었으며, 숙종 21년(1695) 산료제가 정착된 후 녹봉액은 인조 대보다 20% 더 삭감됐다. 녹봉액의 변화에 대해서는 임성수의 논문을 참고할 수 있다(임성수, 앞의 논문, 2015a, 131-132쪽).

83 『만기요람』「재용편 1·각공」.

84 경기의 경우에도 중앙에 상납하는 대동세의 元數에서 경주인 역가를 회감하도록 하였다(『만기요람』「재용편 3·대동작공」).

85 『공폐』「해서경주인」.

86 강원도 역시 표에는 제시하지 않았지만, 각읍마다 경주인가와 경방자를 다르게 책정해 놓았다.

87 『일성록』 정조 17년 7월 5일.

88 『일성록』 정조 19년 6월 14일.

89 『일성록』 정조 23년 5월 23일.

90 『목민심서』 호전 5조, 평부.

91 『고부군읍지』「요역」.

92 『순천부읍지』「잡역」.

93 『관서읍지』「철산초본」.

94 『북관읍지』「신증경성읍지」.

95 『考往錄』, "甲寅二月日 主人洪益烈時 校書館印出四書三經頒布 各邑校宮價錢 推索於京主人 急於星火 及本邑主人亦來索價錢於校中 而本校形勢凋殘萬無辦出之道 得願納校生林德根崔永采張德采捧錢七十五兩以報京債."

96 濟州牧 編, 『邸吏捄弊節目』(奎19382).

97 濟州牧 編, 『京邸新定式節目』(奎 19383).

98 濟州牧 編, 『京邸新定式節目』(奎 19383), "一依新節目已前久債與崔吳金挾雜所關事 無論某樣某件 切勿侵責於新邸吏事 一邸舍則雖在公洞宗明洞 賜劃之根基也 自今爲將切勿買賣是遣隨毁修補債段自本州依已例收拾事 一進上押領等之上京無所關事 而過月逗留 則公私俱困宗難應接入闌後限十五日則食債一錢式是遣 其外勿爲供給事 一役價錢則每年四百二十兩依前準給事 一商民物件 則自主人幹涉買賣是遣甘藿草芚等種百一條口文出給是遣 私自買賣則買賣人幷以亂廛律懲治事 一本土人之或称科行或稱求仕多年留京者 切勿侵責事 一京江主人則無關於本島 而昨年崔允英主人時物件口文十一條分半收捧者永爲禁斷不得參關事 行察理使兼牧使李 (押) (議政府印 一五個處)."

99 조선 후기 들어 수수료성 경비가 잡다하게 늘어난 것으로 생각되지만, 실상은 중앙 정부 차원에서 정액화과정을 밟으며 지방의 예산항목으로 공식 편입되어 갔다. 이에 대한 설명은 임성수의 논문을 참고할 수 있다(임성수, 「조선후기 田結稅 징수와 '중간비용' 연구」, 『대동문화연구』 92, 연세대학교 국학연구원, 2015b).

100 최주희, 「19세기 전반 중앙재정의 실태와 다산 정약용의 재정개혁안」, 『충청학과 충청문화』 25, 충청남도역사문화연구원, 2018 참조.

101 『충청도대동사목』 30조, "一道內官屬數少之邑 則京主人房子雇立之價 不得專責於貧殘官屬 未免責徵於民結 此爲難堪之巨弊 京主人房子等 自本廳題給價雇立 每一名各給十五石以爲一年立役之資."

102 『경세유표』 권2, 「추관형조 제5」.

103 「伊川府京主人文記」(국립민속박물관 소장, 민속93206).

104 김동철, 「18·19세기 京主人權의 집중화 경향과 도고활동」, 『역사와 세계』 13, 효원사학회, 1989.

105 『승정원일기』 2,672책, 고종 1년 1월 24일(병인).

106 『경국대전』 「형전·금제」.

107 이정수, 「18세기 《이재난고》를 통해 본 대차관계와 이자율」, 『역사와 경계』 124, 경남사학회, 2022, 209-212쪽.

108 『이재난고』 7책, 병오년(1786) 8월 19일, "因付京主人牌子 及七月債二十兩 幷利二兩."

109 金鎭鳳, 「朝鮮前期의 貢物防納에 대하여」, 『사학연구』 26, 한국사학회, 1975, 177쪽.

110 『일성록』 정조 3년 1월 9일(갑오).

111 『비변사등록』 32책, 숙종 2년 4월 13일.

112 『비변사등록』 49책, 숙종 21년 6월 5일.

113 대동법 시행을 통해 중앙재정이 긴축화될 수밖에 없었던 상황은 다음의 논문에서 구체적인 설명을 확인할 수 있다. 최주희, 「조선후기 재정운영과 시장정책을 둘러싼 중앙정부의 딜레마」, 『역사와 현실』 94, 한국역사연구회, 2014b.

114 『비변사등록』 176책, 정조 14년 2월 13일.

115 『비변사등록』 160책, 정조 3년 1월 11일.

116 안동의 오미동 풍산 김씨 참봉댁에 소장된 『金重休日記』에는 1861년 당시 서울 경동의 조참판댁의 청지기인 金永鎭이라는 자가 안동의 경주인으로 내려와 머물면서 안

부를 전하는 내용이 확인된다. 『金重休日記』 2冊, "二十三日 早朝 官使首吏及都吏 持結摠前前文記 來質於吾下處 主倅之不欲擔當 誠極可痛 食後 往都所告別 强挽者多 而其於自己筋力之莫可堪 承何 京洞趙參判之傔人金永鎭 以本府京主人 下來留邸 聞吾入來 來傳其主人令監 ■ 使之問候 致繼眷 永鎭言咸豊皇帝去月十九日 復入皇城云."

117 『경향신문』 1969년 11월 8일 자에 실린 '역사와의 대화' 기사 참조.

118 『동아일보』 1949년 2월 27일 자 기사에 실린 장편소설 『홍경래』 121화 참조.

119 오횡묵, 『정선총쇄록』 1887년 3월 25일; 4월 24일; 5월 20일 기사 참조.

120 『승정원일기』 2,694책, 고종 2년 9월 29일(신묘).

121 『승정원일기』 2,831책, 고종 13년 10월 26일(계축).

122 『승정원일기』 2,904책, 고종 19년 9월 3일(병술).

123 『승정원일기』 2,904책, 고종 19년 9월 3일(병술).

124 『壬戌錄』 「晋州按取覈使 査逋狀啓」.

125 『국역 환재집』 권8, 「서독·온경에게 보내는 편지」 21.

126 이광린, 앞의 논문, 1962, 265쪽.

127 『고종실록』 권31, 고종 31년 1월 21일(기해); 『일성록』 고종 31년 1월 21일, 23일, 24일, 29일.

128 고종 대 발생한 민란에 대해서는 박광성의 논문을 참고할 수 있다(박광성, 「高宗朝의 民亂研究」, 『논문집』 14, 인천교육대학교, 1980).

129 『고종실록』 권32, 고종 31년 8월 18일(임술).

130 『승정원일기』 292책, 고종 21년 6월 27일(기해).

131 김태웅, 「1894-1910년 지방세제의 시행과 일제의 조세수탈」, 『한국사론』 26, 서울대학교, 1991.

132 유정현, 「1894-1904년 지방재정제도의 개혁과 이서층 동향」, 『진단학보』 73, 진단학회, 1992.

133 『고종실록』 권33, 고종 32년 3월 10일(신사).

134 『공문편안』 34, 건양 원년(1896) 9월 10일, 경저리 역가를 지급하라는 훈령, "各郡京邸吏等訴을 據ᄒᆞᆫ즉 矣等以乙未條役價事로 已有呼訴이온바 當此更張之時ᄒᆞ야 屢百年基業을 一朝廢止ᄒᆞ야 積年債給은 一不收納이 已極抑寃中에 乙未條役價를 若未蒙上下之處分 則其所寃枉이 倘復如何哉이 發訓各郡ᄒᆞ야 得保資生ᄒᆞ믈 請ᄒᆞᆫ지라 究其情狀ᄒᆞ면 宜有優施ᄒᆞ야 玆庸發訓ᄒᆞ니 一依本部五等俵ᄒᆞ야 就各君癸巳條以上 甲午六

月以前舊納之捧而未發과 發而未納條中 卽爲劃撥이되 如無兩條邑이거든 官屯吏隱與各庫用遺在로 支給ᄒᆞ며 公錢去來ᄂᆞᆫ 入於蕩減ᄒᆞ니 自歸勿論이나 私相與受ᄂᆞᆫ 一一査推케 ᄒᆞ미 可흠. 開."

135 『공문편안』 76, 건양 2년(1897) 3월 27일, "五號 報告 郡守 具周鉉 二年三月二十七日 五號報 部訓令奉準ᄒᆞ온즉 本郡京邸吏 黃起昌에 所訴을 據ᄒᆞ야 乙未條役價을 依他邑例 一依五等俵 以曾前劃 給條支撥ᄒᆞ야 俾無向隅之歎케ᄒᆞ미 可흠이시온바 詢議於各面會議長 則所告內 京邸吏役價之此時 斂民은 有難擧議이옵고 有一可區之道이오니 去丙申年各庫田稅所捧錢一千十九兩二戔으로 學校費八朔條六 百七十九兩四戔四分學校費用으로 除ᄒᆞ옵고 其餘三百三十九兩七戔六卜이 郡에 有ᄒᆞ오니 以此出給ᄒᆞ시믈 伏望이다 故로 從物議報告ᄒᆞ오며 訓令中五等俵ᄂᆞᆫ 指何爲五等俵이온지 幷一體明敎事.

指令 邸役價ᄂᆞᆫ 以官屯穀中劃給이고 五等俵官俸經費磨鍊乙未頒送中 本郡이 居四等邸役價爲二百四十兩이니 以此計給홀 事. 郡守 具周鉉 建陽二年三月二十七日 建陽二年四月九日. 本部五等經費磨鍊 京邸吏役價一等郡 四百八十兩 二等郡 三百六十兩 三等郡 三百兩 四等郡 二百四十兩 五等郡 一百八十兩 本郡五等郡 與內部五等不同 各道各郡守 建陽元年九月十日."

136 위의 기사 指令 부분 참조.

137 『공문편안』 10, 고종 32년 4월 12일, 각읍거관 영남.

138 이규수, 「전남 나주군 '궁삼면'의 토지소유관계의 변동과 동양척식주식회사의 토지 집적」, 『한국독립운동사연구』 14, 독립기념관 한국독립운동사연구소, 2000.

139 『驛土所關文牒去案』 照會 度支部大臣署理 李鼎煥 八十七號, 開國五百四年十月四日, 建陽元年十二月四日.

140 『驛土所關査員質報存』 卷4, 報告書 第3號, 建陽 2年(1897) 3月 8日, "報告書 第三號 本月四日前察訪 金永善來告內의 忠淸南道洪州府廢止金井驛吏의 金原祚李文會崔相舜等三名이 以該驛補防給糧兩廳所屬田畓을 再昨年査辦時에 付之公土事로 今欲行賂還推ᄒᆞ야 持當五一萬兩ᄒᆞ고 來留美洞前京邸吏 尹光憲家ᄒᆞ니 此等圖囑之物은 宜乎屬公云이온바 此를 査ᄒᆞ오니 此土가 業經査辦則豈有行賂還推리오 不無疑緖ᄒᆞ야 該驛吏三名及前査辦委員 孫承鏞과 發告 金永善을 次第調査則所供이 多有矛盾ᄒᆞ야 難辨眞贋ᄲᅮᆫ안이라 告發 金永善이 這間不無容奸이올기 供案을 送交ᄒᆞ옵고 玆에 報告ᄒᆞ오니 該土之公私를 照亮示明ᄒᆞ시와 俾鄕曲愚氓으로 免見欺蕩産ᄒᆞ시믈 務望흠. 警務

使 金在豊 配附 驛遞所 局課議政府贊政農商工部大臣 李允用 閣下 建陽二年三月八日 接受 建陽二年三月八日 第 號."

141 「質疑應答」, 『동아일보』, 1924. 5. 23.

142 『대한자강회월보』 광무 10년 6월 25일, "京邸吏가 米錢布木 各色物種을 來納ᄒᆞᄂᆞᆫ디 卒成富貴家어늘 心中에 又自誓曰 「벼슬ᄒᆞᄂᆞᆫ 량반과 혼인 아니ᄒᆞᄂᆞᆫ 놈도 쇠아달이라」 ᄒᆞ얏다 ᄒᆞ니 推此一話에 可以知官人之地位尊且貴也ㅣ로다. 是以로 凡 生於此國者ᄂᆞᆫ 勿論智愚賢不肖ᄒᆞ고 自孩提之時로 人若問其所欲이면 大則政丞判書오. 其次 則 守令方伯이오. 又其次 則協辦局長이오. 又其次 則主事參奉借啣等各樣仕宦이 爲大目的이라. …"

143 『고종실록』 권33, 고종 32년 윤5월 26일(병인), "二十六日 勅令第一百二十四號 郵遞規則 第一百二十五號 郵遞司官制 第一百二十六號 郵遞技手補俸給件 竝裁可頒布."; 『고종실록』 권34, 고종 33년 7월 25일(양력), "二十五日 勅令第三十四號 國內電報規則所關件 裁可頒布 電報分三種 一官報 一局報 一私報 官報 國務大臣 內外各官廳長官 海陸軍將官 本國駐箚之外國公使 領事所通公信 局報 電報事務所關之互相通信 私報 官民間私相通信."

144 『승정원일기』 3,066책, 고종 32년 12월 4일(경오), "勅令 各驛察訪廢止 所屬土地·驛舍·金錢·米穀記錄帳簿 其他一切物品 各其所在地方府廳或郡廳 姑先移屬."

145 갑오개혁 이후 근대적 우편제도의 수립과 과도기적 형태인 公文遞傳夫의 운영에 대해서는 이승원의 논문을 참고할 수 있다(이승원, 「갑오개혁 이후 공문체전부 운영의 한계와 임시우체규칙의 시행」, 『한국민족운동사연구』 114, 한국민족운동사학회, 2023).

146 『승정원일기』 3,066책, 고종 32년 10월 15일, "又奏 自前國恤時 凡干公事 撥馬行會矣 此時行會 不容少緩 而撥馬旣經廢止 知委京外各府郡 公事倂付郵遞爲之 何如 踏可字."

참고문헌

『가림보초』.

『강원청사례』.

『강원청사례·해서청사례』.

『경국대전』.

『경세유표』.

『京邸吏捄弊完文』(古5129-52), 서울대학교 규장각한국학연구원 소장.

『京邸新定式節目』(奎 19383), 서울대학교 규장각한국학연구원 소장.

『고부군읍지』.

『고왕록』.

『貢價』(奎19515), 서울대학교 규장각한국학연구원 소장.

『공문편안』.

『공폐』.

『관서읍지』.

『김중휴일기』.

『남원현공사』.

『남원현첩보이문성책』.

『노상추일기』.

『대전통편』.

『대전후속록』.

『대한자강회월보』.

『동아일보』.
『만기요람』.
『목민심서』.
『미암일기』.
『북관읍지』.
『비변사등록』.
『속대전』.
『순천부읍지』.
『승정원일기』.
『신보수교집록』.
『驛土所關文牒去案』.
『驛土所關査員質報存』.
『영남대동사목』.
『영남청사례』.
『육전조례』.
『이재난고』.
『이재선생연보』.
「伊川府京主人文記」(민속93206), 국립민속박물관 소장.
『일성록』.
『임술록』.
『임하필기』.
『邸吏捄弊節目』(奎19382), 서울대학교 규장각한국학연구원 소장.
『전남도대동사목』.
『정선총쇄록』.
『조선왕조실록』.

『청대일기』.

『충청도대동사목』.

『학봉선생문집』.

『해서상정절목』.

『환재집』.

고동환, 『朝鮮後期 서울商業發達史硏究』, 지식산업사, 1998.

국학진흥연구사업추진위원회, 『고문서집성 67: 나주임씨 창계후손가편』, 한국학중앙연구원, 2003.

______________________, 『고문서집성 83: 회덕 은진송씨 동춘당후손가편(Ⅰ)』, 한국학중앙연구원, 2006.

김동철, 「18세기 坊役制의 변동과 馬契의 성립 및 都賈化 양상」, 『한국민족문화』 창간호, 부산대학교한국민족문화연구소, 1988.

_____, 「18·19세기 京主人權의 집중화 경향과 도고활동」, 『역사와 세계』 13, 효원사학회, 1989.

김봉좌 외, 『한국 고문서 입문 2』, 국사편찬위원회, 2021.

김성준, 「기인의 성격에 대한 고찰」, 『역사학보』 10·11, 역사학회, 1958·1959.

김옥근, 『조선후기 경제사 연구』, 집문당, 1977.

김진봉, 「朝鮮前期의 貢物防納에 대하여」, 『사학연구』 26, 한국사학회, 1975.

김태웅, 「1894-1910년 지방세제의 시행과 일제의 조세수탈」, 『한국사론』 26, 서울대학교, 1991.

박평식, 「조선전기의 주인층과 유통체계」, 『역사교육』 82, 역사교육연구회, 2002.

송철호, 「조선후기 논문에 관한 연구: 《路文式例》와 문서양식을 중심으로」, 『고문서연구』 40, 한국고문서학회, 2012.
유정현, 「1894-1904년 지방재정제도의 개혁과 이서층 동향」, 『진단학보』 73, 진단학회, 1992.
윤용출, 『조선후기의 요역제와 고용노동: 요역제 부역노동의 해체, 모립제 고용노동의 발전』, 서울대학교출판부, 1998.
이광린, 「기인제도의 변천에 대하여」, 『학림』 3, 연세사학연구회, 1954.
______, 「京主人研究」, 『인문과학』 7, 연세대학교인문과학연구소, 1962.
이규수, 「전남 나주군 '궁삼면'의 토지소유관계의 변동과 동양척식주식회사의 토지집적」, 『한국독립운동사연구』 14, 독립기념관 한국독립운동사연구소, 2000.
이승원, 「갑오개혁 이후 공문체전부 운영의 한계와 임시우체규칙의 시행」, 『한국민족운동사연구』 114, 한국민족운동사학회, 2023.
이정수, 「18세기 《이재난고》를 통해 본 대차관계와 이자율」, 『역사와 경계』 124, 경남사학회, 2022.
임성수, 「조선후기 녹봉제(祿俸制) 연구」, 『동방학지』 169, 연세대학교 국학연구원, 2015a.
______, 「조선후기 田結稅 징수와 '중간비용' 연구」, 『대동문화연구』 92, 연세대학교 국학연구원, 2015b.
전경목, 「조선후기 지방 명문 출신의 관리와 경아전의 관계망」, 『장서각』 30, 한국학중앙연구원, 2013.
조병로, 『한국근세 역제사 연구』, 국학자료원, 2005.
______, 「조선후기 경상도 省峴驛의 운영과 驛馬 확보」, 『동국사학』 51, 동국역사문화연구소, 2011.
조영준, 「조선후기 旅客主人 및 旅客主人權 재론: 경기·충청 庄土文績의 재구성을 통하여」, 『한국문화』 57, 서울대학교 규장각한국학연구원, 2012.

최주희, 『조선후기 宣惠廳의 운영과 中央財政構造의 변화: 재정기구의 합설과 지출정비과정을 중심으로』, 박사학위논문, 고려대학교, 2014a.

______, 「조선후기 재정운영과 시장정책을 둘러싼 중앙정부의 딜레마」, 『역사와 현실』 94, 한국역사연구회, 2014b.

______, 「17-18세기 왕실·정부의 연료 소비 증대와 땔감 조달 방식의 변화」, 『역사와 현실』 94, 한국역사연구회, 2014c.

______, 「18세기 전반 宣惠廳의 재정운영 양상: 同春堂 後孫家 所藏《消遣法》을 중심으로」, 『고문서연구』 47, 한국고문서학회, 2015.

______, 「광해군대 京畿宣惠法의 시행과 선혜청의 운영」, 『한국사연구』 176, 한국사연구회, 2017.

______, 「19세기 전반 중앙재정의 실태와 다산 정약용의 재정개혁안」, 『충청학과 충청문화』 25, 충청남도역사문화연구원, 2018.

______, 「16세기 말-17세기 전반 唐糧의 성격에 대한 검토」, 『조선시대사학보』 89, 조선시대사학회, 2019.

______, 「17-18세기 중반 중앙정부의 各司員役 감축 노력과 그 의의」, 『조선시대사학보』 94, 조선시대사학회, 2020.

한글학회, 『조선말 큰사전』, 을유문화사, 1957.

한우근, 「이조후기 공인의 신분: 대동법 실시 이후 공납청부업자의 기본성격」, 『학술원논문집 인문사회과학편』 5, 대한민국학술원, 1965.

田川孝三, 「李朝後半期に於ける倉庫勞動者の一例: 宣惠倉募民の場合」, 『アジア史研究』 3, 1979.

德成外之子, 『朝鮮後期 貢物貿納制와 貢人役價』, 석사학위논문, 고려대학교, 1983.